El libro de la buena muerte

XUSA SERRA LLANAS

El libro
de la buena muerte

Despedidas que nos enseñan
a vivir con plenitud

Grijalbo

Papel certificado por el Forest Stewardship Council®

Primera edición: marzo de 2025

© 2025, Xusa Serra Llanas
© 2025, Penguin Random House Grupo Editorial, S. A. U.
Travessera de Gràcia, 47-49. 08021 Barcelona

Penguin Random House Grupo Editorial apoya la protección de la propiedad intelectual. La propiedad intelectual estimula la creatividad, defiende la diversidad en el ámbito de las ideas y el conocimiento, promueve la libre expresión y favorece una cultura viva. Gracias por comprar una edición autorizada de este libro y por respetar las leyes de propiedad intelectual al no reproducir ni distribuir ninguna parte de esta obra por ningún medio sin permiso. Al hacerlo está respaldando a los autores y permitiendo que PRHGE continúe publicando libros para todos los lectores. De conformidad con lo dispuesto en el artículo 67.3 del Real Decreto Ley 24/2021, de 2 de noviembre, PRHGE se reserva expresamente los derechos de reproducción y de uso de esta obra y de todos sus elementos mediante medios de lectura mecánica y otros medios adecuados a tal fin. Diríjase a CEDRO (Centro Español de Derechos Reprográficos, http://www.cedro.org) si necesita reproducir algún fragmento de esta obra.

Printed in Spain – Impreso en España

ISBN: 978-84-253-6932-2
Depósito legal: B-593-2025

Compuesto en M. I. Maquetación, S. L.

Impreso en Black Print CPI Ibérica, S. L.
Sant Andreu de la Barca (Barcelona)

GR 69322

Índice

PRÓLOGO 11

INTRODUCCIÓN 15

1. Partículas de eternidad y evolución
   del pensamiento 21
   Antes de nacer: un universo de coincidencias
   y casualidades 21
   Tecnología, ciencia y conciencia 26

2. Instantes de vida jamás contados 35
   El señor Ramon y el poder de decidir
   hasta el final 35
   Imma y el alma 38
   La joven de Mozambique 52
   Una mañana en el cementerio con Pilar 56
   Hermano Árbol 61
   Una Navidad con Josep 68
   Juana de Arco 78
   Aniversario familiar 81

El mensaje del mosén 84

Carmen 90

3. Espacio para el alma 95

¿Elegimos el momento de morir? 95

Gasa con sangre y amor 110

Su olor 112

El camino del duelo: hablar de él y con él 117

Necesito que me ayudes 119

El tiburón de Damián 123

El profesor 126

Las gafas del abuelo y el carrete de pescar 130

La última lección del abuelo. El elefante

y la hormiga 135

El abuelo y su cesta de pescar 137

4. Testimonios de experiencias especiales 141

Daniel y el mensaje de mamá 142

World Trade Center 147

Josep Maria y el mensaje del móvil 149

José Antonio y la luz 151

Manel 153

Marta: «Estoy a tu lado, estoy

a vuestro lado» 157

David y el día que se hizo la cama 159

Mari Carme y el pájaro 164

Josep Maria y el pájaro 168

María, Jacinta y la mariposa 170

Marta y Lluís 173

ÍNDICE

María José	176
Loli	179
La matrícula del coche	180
Jesús y Mercedes	182
Paula y el abuelo	184
Gloria	187
Carlos y su abuelo: «¿Puedo contarte un secreto?»	188

5. El mundo de los sueños especiales 193
   El sueño de Iker 195
   La visita de Juan en el sueño de Jan 198
   María y su papá 200
   Dolores 202
   Montse y el mensaje de mamá:
   «¿La podéis ayudar?» 205
   El sueño del león 211
   Papá, vengo a decirte adiós 213

6. Acompañar a los niños en la enfermedad grave
   y el final de la vida 217
   Cuando los peques son los protagonistas 218
   A un niño o adolescente, ¿podemos hablarle
   sobre su enfermedad? 222
   Los niños se convierten en maestros
   para los padres 224
   La pequeña Aura 225

ÍNDICE

7. El final de la vida: crónica de un acompañamiento   229

    Angelina 229

    El mensaje de un padre a su hijo 236

    Los tres deseos de Núria 240

    El último puerto: gobernar el barco
    hasta el final de la vida 245

AGRADECIMIENTOS 251

Prólogo

¿Causalidad? ¿Sincronicidad? ¿*Serendipity*? Todos estos términos apuntan a que hemos venido para y por algo mucho más inmenso de lo que a veces parece. La vida regala, y no escoge a quién, simplemente provee. Tampoco determina cómo recibiremos lo que nos ofrece, pero no hay duda de que debemos vivir con toda la fuerza y la pasión inherentes a la dinámica vital del ser humano. Nuestra estancia aquí está siempre a un paso de lo mágico. Lo aparentemente fortuito nos impregna de la magia de ser seres exclusivos y vivir una experiencia única.

Por supuesto, tarde o temprano aprendemos. Es imposible escapar al aprendizaje de lo vivido. Cada ocasión nos brinda nuevas posibilidades y, con ellas, las herramientas y los conocimientos necesarios para incorporarlos y ser cada vez más nosotros mismos. El truco es sabernos capaces de poder con todo lo que la vida nos trae y ofrecernos en ese acto de amor sin condiciones que es vivir desde lo mejor que somos a cada instante. Entonces podremos acercarnos a nosotros para seguir conociéndonos y descubrir la magia que entraña estar vivos.

Una de las definiciones del término *serendipity* es el hallazgo fortuito de algo muy bello. La vida es magia pura, y muchas veces nuestra capacidad para transformar lo cotidiano en algo muy bello no está en manos del azar, sino en la visión particular de cada uno de nosotros. «Fortuito» se convierte así en «afortunado», porque encontrarse con lo bello y lo bueno, y hacer de ese descubrimiento todo un camino de vida, es la máxima fortuna.

No se trata de lo que nos pasa, sino de cómo interpretamos lo que nos pasa, cómo lo vivimos. Cada vida es un desfile constante de acontecimientos: nos desmontan, nos alegran, nos sorprenden, nos aburren, nos indignan... Xusa Serra comparte los suyos con generosidad y, a través de sus vivencias, nos permite participar en sus alegrías, sustos, tristezas... En cada experiencia, sus interpretaciones nos permiten vivir lo acontecido en primera persona, y su especial forma de recibirlas nos brinda ese acercamiento que enseña e inspira.

En todos sus relatos subyace el mensaje de que nada es casual ni el capricho de un destino impersonal. Esto no cambia lo que sucede, pero permite que lo vivamos desde una perspectiva mucho más sabia. Nos transformamos a través de nuestra forma de recibir lo que nos trae la vida. El convencimiento de que los hechos nos pertenecen cambia cómo los integramos en nuestro camino. Vivimos la vida a cada paso que damos, y estar en ella nos permite cambiar lo sucedido a medida que pasa, encaminando lo que tiene que ser hacia lo que más nos puede enriquecer, sea lo que sea.

La vida es así. Xusa Serra nos invita a entrar en sus dones y a convertir nuestra existencia en algo muy bello. Aprendemos y, de pronto, descubrimos que podemos enseñar... Si damos un paso más, reconocemos que nuestra vida se ha convertido en fuente de enseñanza e inspiración simplemente porque somos, compartimos y amamos. Amar para aprender y enseñar, o aprender para enseñar y amar, o enseñar para amar y aprender... Las combinaciones son muchas, pero todas incluyen la importancia de estar, de implicarnos y, desde ese enriquecimiento, vivir.

ANJI CARMELO,
doctora en Metafísica y
cofundadora de la asociación AVES
(Asociación de Voluntarios para
Enfermos Sanables)

Introducción

Tus percepciones, correctas o incorrectas,
influyen en todo lo que haces. Cuando tengas
una perspectiva adecuada de tus percepciones, te sorprenderás de cuántas cosas encajan.

ROGER BIRKMAN

Mi forma de pensar respecto a temas relacionados con la trascendencia, la energía, el alma, la esencia, el espíritu... no siempre ha sido igual ni me ha suscitado el mismo interés. Con el paso de los años, mi mirada de joven enfermera —escéptica, incrédula y, en ocasiones, recelosa ante los hechos casuales o de difícil explicación— se fue transformando. Este cambio en mi manera de pensar fue moldeado tanto por mis experiencias como por las historias que personas de todas las edades me confiaron durante las sesiones en las que acompañaba su tiempo de duelo.

A lo largo de más de veinte años, he tenido el privilegio de recoger sus voces y testimonios, muchos de ellos narrados por primera vez, «por el miedo a qué dirán o pensarán», en un espacio íntimo donde la confianza ha sido el pilar fundamental.

Cuando esas personas se han sentido seguras y libres de juicios, han compartido experiencias extraordinarias que me han hecho reflexionar sobre la posibilidad de que todo lo que nos rodea esté conectado, vinculado de alguna forma, y que suceda por razones que desconocemos.

Numerosas familias relatan que sus seres queridos, en sus últimos momentos, mantenían conversaciones con alguien que ellos no podían ver. Frases como «María, no te sientes en esa silla, que está mi madre» son más habituales de lo que pensamos. Algunos lo llaman «alucinaciones de la muerte», y quizá lo sean, pero si aceptamos que todo tiene un propósito, ¿qué sentido tendría ver a quienes ya no están, si no existiera alguna forma de trascendencia? ¿No será que, tal vez, una partícula de conciencia persiste más allá de lo que creemos?

Durante años contemplé la posibilidad de escribir este libro, pero, hasta que el paso del tiempo no me ha liberado de mis prejuicios, no he comprendido que era el momento de sentarme, reflexionar y dejarme maravillar por estas experiencias especiales, únicas y muy íntimas. Es todo un universo de vivencias, coincidencias y señales que he ido recopilando como «enfermera del alma», un entrañable título que una vez me regaló un niño. No sabía cuándo ni cómo compartir este tesoro, pero un día Laura, mi editora, me llamó y supe que el momento había llegado.

Empezaré compartiendo mi experiencia cercana a la muerte: a los doce años, me lancé a una piscina para ayudar a una persona que se estaba ahogando. Aunque ha pasado mucho tiempo, ese acontecimiento sigue increíblemente

INTRODUCCIÓN 17

vívido en mi memoria. Por entonces lo mantuve en secreto para no preocupar a mis padres o tener que enfrentarme a sus posibles reprimendas, ya que era la primera vez que me dejaban salir sola.

Recuerdo con claridad que aquella persona, desesperada, utilizó mi cuerpo para mantenerse a flote, presionándome bajo el agua. Yo luchaba por respirar, pero no podía, mientras los gritos de la gente resonaban a lo lejos al darse cuenta de lo que estaba pasando. Sentí como si el tiempo se detuviera. Tras los primeros instantes, dejé de luchar: mi cuerpo se relajó y, de forma impresionante, la angustia por la falta de aire desapareció. En su lugar, quedé envuelta en una paz indescriptible, como si hubiera entrado en otro mundo; todo lo que hasta entonces me preocupaba ya me daba igual. Ante mis ojos pasaron, difuminados, paisajes hermosos que jamás había visto; de vez en cuando aparecía la imagen de un desconocido que me sonreía y me llenaba de una felicidad indescriptible.

Ese fue el punto al que llegó mi conciencia respecto al momento que estaba viviendo: alguien a quien no recuerdo me rescató del fondo de la piscina. Entonces, al romper con la boca la superficie del agua y respirar de nuevo, el dolor y la angustia por la sensación de ahogo regresaron con intensidad.

Aquel día descubrí que, al igual que la naturaleza no nos permite recordar el momento de nacer, nos otorga mecanismos de desconexión cuando detecta que la muerte está cerca para que el proceso de morir no sea doloroso.

Esa experiencia dejó en mí una huella imborrable: un amor infinito por el sentido de la vida, la pérdida del miedo a la muerte y la creencia de que, quizá, haya un secreto muy bien guardado detrás de lo que viví. A partir de entonces, cuando me entero de que alguien se ha ahogado o ha sufrido una muerte inesperada, no pienso tanto en su dolor, sino en el profundo desconsuelo de su familia.

Cuando la muerte está próxima, la conciencia parece expandirse y se intensifican las percepciones sensoriales, en especial el sentido del oído. En esos momentos es como si el alma, la energía o el espíritu comenzaran a desprenderse del cuerpo, aunque a veces la persona parece esperar un instante concreto, despedirse de alguien o morir al lado de un ser querido en particular. El oído es el último sentido en apagarse, de manera que quienes están en sus últimas horas se sienten reconfortados al oír las voces de aquellos a los que aman.

Pese a que en ocasiones somos testigos de un dilatado sufrimiento innecesario por el intento de prolongar la vida de forma artificial, la muerte en sí misma no es un problema para quien está al final de la vida. La muerte es un momento que todos viviremos, y solo nos llevaremos aquello que no se puede medir, calibrar ni pesar, aquello vinculado a lo que hemos enseñado, a lo que hemos aprendido y al amor que hemos sabido cultivar en el corazón de los demás. En esencia, nos iremos con un equipaje ligero como una pluma.

Para los supervivientes, la muerte de un ser querido detiene y transforma el mundo. El duelo acompaña un camino largo y profundo que promueve la reflexión sobre el sentido y el significado de esa persona en nuestra vida. La intensidad del dolor y su duración dependerán de la magnitud del vínculo y de lo imborrable que será la huella que deje en nosotros. Nuestras lágrimas son besos que no podremos dar, palabras que no podremos decir y abrazos imposibles.

Pero ¿cuál es el sentido de todo este dolor y de la necesidad de seguir cuidando de un ser querido más allá de la vida? ¿Qué pasaría si, cuando muriera, dejáramos de sentir un vínculo emocional con esa persona y no experimentásemos tristeza ni sintiéramos su ausencia? Podríamos olvidarla y seguir viviendo sin sufrir, sin percibir el vacío y la ausencia que deja. Sin embargo, si olvidar a nuestros seres queridos fallecidos fuera sano, la naturaleza lo habría previsto de ese modo. Pero no es así.

Sentimos nostalgia, los recordamos, y lo hacemos porque dejaron una huella imborrable al realizar las tres tareas fundamentales de la vida: ser generosos, ser sencillos y haber amado.

Si en la vida todo tiene un porqué, quizá este dolor también lo tenga, aunque aún no lo comprendamos. Llegados a este punto, me pregunto: si, en el momento de morir, estos seres queridos vinieran a buscarnos, ¿cómo podríamos reconocerlos si los hubiéramos olvidado? ¿Cuál sería la razón por la que, antes de morir, Jordi, un niño de poco más de siete años, conversó tranquilamente con familiares fallecidos mientras les preguntaba a sus padres «¿Es que no los veis?»?

Este libro no pretende resolver interrogantes que no están destinados a ser resueltos. Si los hechos son como son, es por alguna razón. Sin embargo, me gustaría que estas páginas se convirtieran en un altavoz para las prudentes voces de esas personas que han vivido y compartido momentos extraordinarios, enigmáticos y sorprendentes, cargados de señales y coincidencias llenas de significado, con un toque de misterio y una delicada pincelada de romanticismo, cuando más las necesitaban.

La vida es muy simple, pero insistimos en hacerla complicada.

CONFUCIO

1

Partículas de eternidad
y evolución del pensamiento

Antes de nacer: un universo de coincidencias y casualidades

De manera extraordinaria, fuimos tocados por la fortuna antes de que nos concibieran: cada uno de nosotros tenía un número, pero no entre miles, sino entre millones. Y, en ese preciso instante mágico, ganamos la más improbable de las loterías: la vida.

Te invito a que te imagines cómo fue tu propio momento mágico. Las grandes historias casi siempre empiezan así, con un toque de misterio y milagro.

Había una vez un joven óvulo lleno de energía que descansaba tranquilo en un lugar cómodo y silencioso parecido a una gran esponja: el ovario. Sin saberlo, ya eras la mitad de lo que eres hoy.

En aquel instante ni siquiera imaginabas que los ovarios son fábricas que trabajan sin descanso para enviar un óvulo a un viaje a través de la trompa de Falopio. Tu óvulo estaba en pleno proceso de maduración y llevaba en su interior la gran responsabilidad de conservar y transmitir los genes de todos los que te precedieron: tu madre, los padres de tu madre, los padres de los padres de tu madre, y así hasta donde tu imaginación quiera llegar.

Cada mes, un óvulo es elegido para ese importante y difícil viaje. A veces son dos, pero no es lo habitual. Por casualidad (o por destino), este mes te toca a ti. La Madre Naturaleza ha decidido que seas tú, y no otro. Es un momento único e irrepetible. Si tienes la inmensa suerte de encontrar tu camino, te embarcarás en la mayor de las aventuras: la aventura de vivir.

¡Qué nervios, qué inquietud, qué miedo!

¿En qué consistirá esta aventura de vivir en un lugar completamente distinto? La gran maquinaria de la vida cuida cada detalle casi sin que tengas que hacer nada. Solo te dejas llevar, delicado e importante como eres, porque todo está preparado para tu lanzamiento.

Con suavidad, te deslizas, y pronto te encuentras viajando por la trompa de Falopio. El silencio y la oscuridad te acompañan. Aunque avanzas solo, sin ayuda, te sientes seguro. No sabes adónde te llevará este camino, pero estás convencido de que todo saldrá bien. Aguardas tranquilo, lleno de esperanza en lo que está por venir.

Sin embargo, de repente te das cuenta de que no te sientes completo. Algo te falta, aunque aún no sabes qué es. Y en ese instante solo te queda esperar con paciencia —mucha— y confiar en que lo que te falta llegará. Porque, solo si tienes la suerte de que esa pieza te encuentre, podrás transformarte en algo extraordinario, como cuando una oruga se convierte en mariposa. Al igual que el gusano sabe, sin que nadie se lo diga, cómo tejer el capullo y dónde hacerlo, tú también estás listo para tu propia metamorfosis.

Si la suerte está de tu lado, si eres el elegido, podrás nacer y empezar tu vida en un lugar completamente diferente al que ocupas ahora. Aunque todavía no lo sabes, una parte de ti se encuentra en otro sitio, en otro cuerpo. Curioso, ¿verdad? Esa parte que te falta vive en un mundo frenético, lleno de actividad y movimiento: los testículos. Allí, millones de células cabezudas, los espermatozoides, se agitan nerviosos, moviéndose sin parar, como si todos estuvieran entrenando, juntos y apretados, preparándose para una gran maratón. En medio de este caos, algunos destacan, se los ve mejor preparados, con más posibilidades de ganar la lotería de la vida. Esta otra parte de ti tiene poco tiempo para lograr su objetivo. Todos desean lo mismo: empujan por delante, por detrás, por los lados, luchan por avanzar, persiguiendo el mismo sueño que tú, pero las probabilidades juegan en tu contra. Si no tienes suerte, morirás y otros ocuparán tu puesto en la siguiente carrera. ¡Qué estrés!

Pero si todo sale bien, y la suerte o el destino te eligen, estarás un paso más cerca de la gran aventura de vivir.

Mientras, algo importante está ocurriendo en otro lugar, en una dimensión que todavía no puedes comprender. Cada nueva vida surge de distinta forma, pero la mayoría se originan por una atracción invisible, como si fuera un imán. La Naturaleza ha dispuesto que en el universo masculino y femenino estos se sientan atraídos y se despierte en ellos el deseo de unirse y amarse, aunque sea solo una vez. Y, por puro azar de la vida, ¡estás listo para ese momento tan esperado!

De repente, sin previo aviso, dan la señal de salida y todos comenzáis a correr sin saber hacia dónde. No hay tiempo para detenerse ni para ayudar a los que se quedan atrás. ¡Está tan oscuro! Bastante tienes con encontrar tu camino. Lo que quieres es demasiado importante, algo en tu interior te dice que tu vida depende de ello. Es un caos total: coletazos, golpes, cabezazos... Unos van en una dirección, otros en la opuesta, y tú no sabes a cuál seguir. No estás seguro de quién va bien y quién se equivoca. Muchos de tus compañeros se quedan atrapados por el camino y luchas por no ser el siguiente. La carrera continúa, y solo unos pocos logran seguir adelante.

A medida que avanzas, te sorprende seguir con vida. Poco a poco, el grupo se va reduciendo; muchos se han quedado atrás, perdidos y agotados, pero tú aún tienes energía. El camino es incierto, pero comienzas a sentir ese espacio más cálido, acogedor, lo que te da fuerzas para continuar.

De pronto, vislumbras frente a ti una luz suave, una enorme esfera clara que parece una luna. No es la luna, porque no sabes ni que existe, es el óvulo. Esa otra parte de ti por la que te sientes profundamente atraído. ¡Tu óvulo! Te parece precioso, imponente. Nadie te lo ha dicho, pero ¡sabes que has llegado! Sin embargo, no estás solo, muchos otros también lo han conseguido, y lo único que deseas es encontrar la entrada antes que los demás. No es fácil, todos empujan con fuerza, desesperados, y tú haces lo mismo. Tus energías comienzan a agotarse. Mientras muchos de tus compañeros se rinden y se detienen, tú insistes, estás decidido a darlo todo.

Jamás lo habrías imaginado —en el interior de los testículos no parecías el espermatozoide más fuerte ni el más rápido—, pero aquí estás, has llegado hasta el final. De repente, como por arte de magia, el óvulo abre una pequeña entrada justo delante de ti. Entre los miles y miles de espermatozoides, sin saber por qué, ¡eres el elegido! Te despides de los millones de compañeros que, como tú, han luchado por este premio único: la vida. No sabes cómo ni por qué te han escogido, pero lo cierto es que ahora comenzará a escribirse tu historia. Si hubiera sido otro óvulo, otro espermatozoide, serías una persona completamente distinta.

Te espera la misión de desarrollarte, crecer en el cálido útero de tu madre, un lugar más suave y acogedor que la más esponjosa de las almohadas de plumas. Si estás leyendo esto, significa que eres una persona única en el mundo. ¡Enhorabuena por todo lo que has logrado! Has sido escogida para la gran aventura de vivir, tienes la oportunidad de dejar tu huella en la historia de la humanidad.

No será un camino fácil: vivir es un aprendizaje constante. Las adversidades te brindarán la oportunidad de sufrir, aprender y evolucionar. Recibirás lecciones que ningún libro puede enseñarte y que te invitarán a elegir entre dos caminos: seguir los pasos de los que te precedieron (si crees que es lo adecuado) o cambiar, ofreciendo a las futuras generaciones lo que tú no recibiste. Quien lo logra, construye una vida de generosidad, sencillez y grandeza.

El mejor capitán es el que ha aprendido a navegar por las tormentas que surgen de las renuncias, el que consigue llevar a buen puerto a los que ama, y es recordado con cariño más allá de la vida misma.

> Cada cultura ha vivido y ha asumido la muerte de diferentes modos, según el concepto que se tenga *a priori* sobre el hecho, y condicionado por las creencias que la sociedad del momento tenga del morir, del cuerpo físico y del más allá.
>
> SANTIAGO ROJAS POSADA

Tecnología, ciencia y conciencia

Pío Baroja, escritor de la generación del 98, médico y ateo de personalidad introvertida y pesimista, escribió que la ciencia es la nueva religión. ¡Y qué razón tenía! La tecnología y la ciencia son el medio utilizado para desentrañar las incógnitas que nos rodean y, a lo largo de los siglos, el misterio sobre la posible trascendencia después de la muerte se ha mantenido en el primer lugar.

El materialismo científico quiso demostrar que podemos explicar los hechos a través del conocimiento positivo, y que si algo no se puede explicar es sencillamente porque no existe. Con la llegada del comunismo, sus defensores afirmaban que, si alguien pensaba en la trascendencia después de la muerte, era solo un deseo, una respuesta al miedo y una forma de reducir la inseguridad. Por aquel entonces, quien creía en algo relacionado con el misticismo, si además tenía algún don que lo hacía especial o expresaba pensamientos acerca del más allá, era señalado.

En el siglo XX, los pensamientos evolucionaron: Einstein y la teoría de la relatividad, el mundo cuántico de Planck o el principio de incertidumbre de Heisenberg, por citar algunos. En los años sesenta, el movimiento hippy experimentó con los sentidos, la belleza, la sensibilidad, la creatividad, la espiritualidad y el amor. El movimiento transpersonal de los años setenta se dedicó a estudiar la conciencia y la dimensión espiritual como esencia del ser humano, uniendo las experiencias místicas de Oriente y Occidente.

Stanislav Grof, fundador de la psicología transpersonal e investigador de los estados alterados de la conciencia, afirma que la muerte es la que echa por tierra la concepción materialista, y nos invita a vivir de nuevo lo espiritual. De alguna forma, volvemos al camino de lo espiritual y aceptamos que somos algo más que materia física.

Teoría de la relatividad, física cuántica, singularidad, agujeros negros... Infinito. La naturaleza permite una evolución intelectual que nos mantenga en un estado de expectativa juguetona, como ese niño emocionado que quiere saber qué animal vive en la madriguera que ha encontrado. A pesar del esfuerzo, no podremos descubrir el secreto mejor guardado —¿qué hay después de la muerte?— hasta que nos llegue el momento, porque todos somos iguales ante el enigma de la muerte.

Puede que, justo antes de morir, el físico alemán Albert Einstein se sintiera encantado con todo lo que había descubierto. Fue uno de los científicos más brillantes que han existido, pero sus reflexiones y pensamientos tampoco se quedan atrás: «Los grandes espíritus siempre han encontrado una violenta oposición por parte de mentes mediocres. Hay dos cosas infinitas: el universo y la estupidez humana. Y del universo no estoy seguro». En la historia de la ciencia, son frecuentes las serendipias o casualidades, y el propio Einstein reconoció más de una durante sus hallazgos.

Las casualidades nos hacen preguntarnos: en realidad, ¿ha sido casual? Las experiencias sobre la muerte son muchas, e innumerables los libros publicados respecto al tema. Es interesante que las personas que han vivido una experiencia cercana a la muerte —sin importar su religión, raza, edad, país, condición social o sexual— cuenten lo mismo con idiomas distintos y dejen de sentir miedo a morir.

El doctor Thomas J. Hudson, autor del libro *La ley de los fenómenos físicos*, afirma que la persona que niegue los fenómenos de contactar con otros niveles de conciencia es un ignorante, no un escéptico.

El físico Saul-Paul Sirag y el parapsicólogo e investigador médico Andrija Puharich apuntan que posiblemente existan cientos de dimensiones más allá de la realidad espaciotemporal que conocemos. Las comunicaciones entre ellas y el mundo terrestre son constantes. Es una realidad que no somos capaces de percibir con los sentidos y un enigma que se ha transmitido de generación en generación. Y la pregunta que nos hacemos es: ¿existe algo después de la muerte?

Numerosas experiencias muestran que la conciencia es una realidad separada del cuerpo físico y, de alguna forma, así lo describen quienes han vivido una experiencia cercana a la muerte.

El psicólogo Konstantīns Raudive vivió una experiencia cercana a la muerte y explicó que «Un sustrato inmaterial, sea cual sea el nombre que le demos —principio, alma, espíritu—, es una partícula de eternidad que escapa a la destrucción».

La Langone School of Medicine de Nueva York llevó a cabo un estudio sobre qué sucede en la primera fase de la muerte; la investigación se basó en las experiencias vividas por pacientes que habían sufrido un ataque al corazón y a los que se reanimó después de pasar un tiempo muertos. Esas personas reprodujeron conversaciones de los profesionales de la salud que las habían asistido. Más tarde, los propios profesionales lo verificaron. La confirmación de estas vivencias sugiere que la actividad y la función cerebral no se detienen inmediatamente después de que el corazón lo haga y la sangre no llegue al cerebro.

El director de investigación de cuidados intensivos y reanimación de la NYU, Sam Parnia, explica: «Pierdes todos los reflejos del tronco encefálico, el reflejo de las náuseas, el reflejo pupilar. Todo se va. Lo que nos puede haber pasado por alto es que, aunque el corazón se pare, podría haber una explosión de energía cerebral, lo que explicaría la conciencia de los pacientes».

En los años setenta, el físico Delpasse demostró la existencia de una energía desconocida portadora de la conciencia que sobrevive a la muerte. Los fisiólogos Kensington y Durval creen en la existencia de unas proteínas memoriales en la base del cráneo que determinan la memoria de los conocimientos y la personalidad. Hans Bender, Konstantīns Raudive, Hans Otto König, Sinesio Darnell o madame Simonet pensaban que nada muere en el universo, solo cambia de forma. Darnell afirmaba: «Cualquier proceso de cambio que se origina en la naturaleza supone una liberación de energía o transformación, y esto es lo que ocurre en el momento de la muerte: se produce una liberación energética que presupone un nuevo nacer a otro nivel».

El papa Juan Pablo II, en los pocos instantes de conciencia que tuvo durante el coma en que vivió sus últimos días, dijo —palabras recogidas por el portavoz del Vaticano, Joaquín Navarro Valls, y por su secretario, monseñor Stanisław—: «Os he estado esperando y ahora venís a mí, muchas gracias».

¿Es posible que, cuando nos llega la muerte, vengan a buscarnos familiares y amigos para ayudarnos y guiarnos?

El doctor Eben Alexander, neurocirujano estadounidense, escribió el libro *La prueba del cielo* después de sufrir un derrame cerebral y permanecer en coma profundo durante siete días. Lo que experimentó en ese tiempo cambió por completo su lógica científica: «El lugar en el que estuve es un sitio maravilloso, reconfortante y lleno de amor. No tengo miedo a morir porque ahora sé que no es el final. La muerte no es el final de la existencia personal, sino una mera transición». Su experiencia me hizo reflexionar sobre qué palabras y mensajes es apropiado que escuche una persona que se encuentra en una situación de gravedad.

Sol Blanco-Soler, en su libro *Crónicas del Más Allá*, dice que recibimos ayuda constante, y que los muertos son invisibles, pero no están ausentes. De alguna forma, no perdemos a las personas queridas, sino la facultad de verlas, aunque desde donde están siguen tutelando nuestra vida. Parece que los difuntos realizan muchas actividades en el plano invisible que los hacen evolucionar: ayudan a sus familiares y los acogen en el momento de la muerte.

En la carrera profesional de Manuel Sans Segarra, doctor en Medicina y Cirugía, ha prevalecido el compromiso con el método científico y el convencimiento del poder de la ciencia para mejorar la medicina. En una ocasión, mientras estaba de guardia, reanimó a un paciente que había sufrido muerte clínica a causa de un grave accidente de tráfico. Después de la intervención, la víctima compartió con él su experiencia cercana a la muerte durante su periodo de muerte clínica. Muchas personas que han tenido una vivencia similar guardan su secreto por temor a la opinión de los demás, pero este paciente decidió compartir su experiencia y encendió, sin pretenderlo, la llama de la curiosidad del doctor Sans.

Ese encuentro cambió su perspectiva sobre la vida y la muerte, e hizo que se cuestionase si el método científico tradicional podía explicar estas experiencias. Durante años, recopiló el testimonio de otros pacientes, lo que le llevó a explorar áreas de la medicina y la conciencia que no había considerado hasta ese momento. Ha dedicado los últimos años a investigar la existencia de la supraconciencia (conciencia más allá de la mente y el cuerpo físico) y las experiencias cercanas a la muerte (ECM), además de compartir su conocimiento con el mundo.

La doctora Luján Comas, licenciada en Medicina y Cirugía, durante más de treinta años trabajó como anestesista en el Departamento de Cardiología del Hospital Vall d'Hebron de Barcelona. A lo largo de su carrera, tanto sus experiencias profesionales como personales la impulsaron a investigar la continuidad de la conciencia más allá de la muerte física, y la convirtieron en una figura clave en este campo.

Junto a Anji Carmelo, doctora en Metafísica, experta en el acompañamiento y sanación del duelo, y autora de obras como *Déjame llorar* y *De oruga a mariposa*, coescribieron el libro *¿Existe la muerte? Ciencia, vida y trascendencia*. Este trabajo conjunto ofrece una profunda reflexión que podría arrojar luz sobre uno de los misterios más grandes de la humanidad: ¿qué sucede cuando morimos? ¿Somos algo más que un cuerpo físico? ¿Nos reencontraremos con nuestros seres queridos que ya han partido? ¿Hablar de la vida y la muerte nos ayuda a comprender y valorar más la vida que tenemos?

Cuando trato de asimilar todas estas cuestiones, me siento perdida en la vastedad del desconocimiento. Sin embargo, me reconforta observar la sencillez de la naturaleza y las pistas que nos da para vivir y sobrevivir sabiendo que nada de lo que tenemos o sentimos será para siempre, y que todo lo que nos rodea forma parte de un ciclo.

Este es el ejemplo de la hormiga:

Una hormiga que recorre el bosque no es consciente de la inmensidad del espacio en el que transcurre su vida. Se desplaza entre las hojas secas del suelo, sube a los árboles, entra y sale de las galerías de su hormiguero, y percibe su entorno a través de los sentidos, creyendo conocer bien ese mundo que considera propio.

Si pudiéramos mostrarle el bosque desde el cielo, no lo reconocería. Las antenas, tan útiles en su recorrido por el suelo, no le servirían para comprender la magnitud de lo que ve desde lo alto. Pensaría que estamos locos si le dijéramos que ese vasto espacio es su hogar. Aunque recorra cada rincón del bosque, su percepción se ve limitada por su tamaño y perspectiva; el espacio que habita es inmenso, pero ella es demasiado pequeña para percibirlo desde allí. Sin embargo, no vive preocupada ni parece que necesite saber más.

Nosotros, aunque algo más grandes que una hormiga, vivimos de una manera similar. Nuestro bosque es el mundo, la Tierra, y el cielo que nos envuelve. Cuando miramos las estrellas por la noche, sentimos esa misma inmensidad y nos damos cuenta de que, como las hormigas, desconocemos la verdadera forma del entorno. Si esa inmensidad teóricamente infinita solo podemos imaginarla, tal vez se deba a que estamos diseñados para comprender un origen y un final.

La diferencia entre la hormiga y nosotros es que a ella no le preocupa cómo es el bosque en el que vive. Sabe lo que necesita saber, siente lo que necesita sentir y vive en consecuencia. Nosotros, en cambio, nos hacemos mil preguntas, pero solo cuando nos llegue el momento descubriremos el enigma del secreto mejor guardado. Hasta entonces, las casualidades improbables, los sueños especiales y las señales imborrables nos seguirán fascinando, sorprendiendo y brindando consuelo.

Entiende que la vida estaba antes que tú y que seguirá sin ti. Piensa que has colaborado con la vida, que has dejado huella, has aportado obras, hijos, emociones... que darán frutos.

MARC ANTONI BROGGI

2

Instantes de vida jamás contados

El alma solo se alimenta de lo que damos a
los demás.

El señor Ramon y el poder de decidir hasta el final

A los trece años me ingresaron en un hospital de Barcelona
para realizarme una intervención quirúrgica en un pecho.
En ese bendito momento descubrí que las emociones más
tiernas emergen entre las dificultades y que los valores y la
dignidad marcan nuestra forma de proceder hasta el final de
la vida.

Mientras estaba ingresada, mis padres podían visitarme
algunas horas al día. Era entonces cuando me acostaba en
la cama y charlábamos, porque el resto de la jornada me la
pasaba revoloteando como un pájaro por las habitaciones
de los otros pacientes: saludaba a los que llegaban, hablaba
con los que habían sido intervenidos, despedía a los que se
marchaban al quirófano (la mayoría sentados en silla de ruedas) y acompañaba a las enfermeras a las salas de curas para

ver cómo trabajaban. Era todo un festín de experiencias para una niña hiperactiva que cargaba con dos botellas de vidrio de drenajes y que debía tener cuidado para que no se le rompieran.

Las noches solían ser silenciosas, extremadamente largas y aburridas, pero hubo una que fue distinta. Las aceleradas idas y venidas de las enfermeras me despertaron y, al asomarme a la puerta, las vi llamando por teléfono, nerviosas.

—¿Qué ocurre? —pregunté.

—En la habitación de al lado hay un señor muy enfermo y no encontramos a su familia —respondió la primera que se percató de mi presencia.

Lo que estaba sucediendo me parecía más interesante que quedarme en mi cuarto, así que les pregunté si podía acompañar a ese señor mientras llegaba su familia. Las enfermeras no se opusieron a mi petición, y una de ellas me llevó hasta él.

A pesar de los cincuenta años que han pasado desde entonces, aún recuerdo la luz tenue de la habitación, la cama cubierta por un gran plástico. Dentro de ese envoltorio, como si de una crisálida se tratase, yacía un señor muy anciano, enfermo y cansado en extremo. La enfermera me invitó a sentarme en la silla que había al lado izquierdo y, desde la puerta, me miró y comentó:

—Se llama Ramon. Después vendré a buscarte. Si pasa algo, avísanos.

«¿Y qué tiene que pasar?», pensé. Era la primera vez que estaba a solas con una persona desconocida y muy enferma. Observé que tenía la boca entreabierta y muy seca por el oxígeno. Casi no podía mover las cejas, pero, al darse cuenta de mi presencia, volvió un poco la cara, deslizó la mano izquierda por debajo del plástico y cogió la mía. Su gesto me emocionó tanto que un escalofrío me recorrió el cuerpo. Solo se oía el burbujeo del oxígeno que salía de la inmensa bombona colocada al lado derecho, y nos quedamos mirando en silencio.

Aún cogidos de la mano, le mostré mis botellas de drenaje y empecé a contarle lo que me había llevado al hospital; le hablé de mis cosas y de mi familia. El señor Ramon no podía hablar, pero de vez en cuando me presionaba la mano con suavidad para indicarme que me estaba escuchando con atención. Así fue como, vencida por el cansancio, me quedé profundamente dormida con la cabeza encima de la cama.

De madrugada, una de las enfermeras entró en la habitación, me desperté y sentí la mano del señor Ramon distinta. No era la de quien está dormido; percibí que le faltaba vida, que ya no estaba allí. Al punto comprendí que algo importante había pasado y la enfermera me lo confirmó diciendo:

—El señor Ramon ha muerto y ha escogido hacerlo mientras estabas a su lado para no morir solo.

Sus palabras resonaron dentro de mí con tanta fuerza que lloré emocionada por el regalo que me había hecho.

Fue una gran lección de vida ser testigo de que, a pesar de dar la sensación de que podía hacer pocas cosas en la vida, el señor Ramon había decidido no morir solo. Había escogido ese momento no por casualidad, sino por necesidad y dignidad. En ese instante me di cuenta de que las casualidades no existen y de que todo tiene un sentido.

Su cuerpo se había quedado relajado, frío e inerte como una botella vacía. Físicamente estaba delante de mí, pero su alma había volado como una bella mariposa.

¡Gracias y gracias, señor Ramon, por regalarme un momento tan especial y por enseñarme cuán importante es poder decidir hasta el final de la vida! Una vida que solo le pertenecía a él.

> **Reflexión.** Siento un profundo agradecimiento hacia la enfermera que, con sus palabras, trazó un camino en mi vida y me inoculó deseos de explorar. Acompañar el final de la vida ha sido la profesión más enriquecedora que podía imaginarme, un inmenso mundo de aprendizaje constante. Porque cada persona es distinta en el momento de nacer y también en el de morir.
>
> La juventud es un regalo de la naturaleza, pero la vejez es una obra de arte.
>
> STANISŁAW JERZY LEC

Imma y el alma

Soy la mayor de cinco hermanos, tres chicos y dos chicas. Con Imma, mi hermana menor, con la que me llevo ocho años, compartí habitación hasta que me casé. Recuerdo que hasta los doce años ella fue un manojo de actividad desbordante, en ocasiones complicado de resistir.

En los años ochenta empecé a trabajar haciendo suplencias como enfermera en las urgencias de un hospital, en turnos de tarde o de noche, por lo que pasaba muchas horas fuera de casa. Imma disponía de todo el tiempo del mundo para abrir mi armario y rebuscar como en las rebajas de una tienda de ropa. Su *hobby* era fisgonear hasta hallar algo digno de su esfuerzo. Al final encontraba mis secretos, por lo que mis padres me regalaron una pequeña caja fuerte y una cerradura para las puertas.

A partir de ahí, la situación empezó a mejorar. Y a los dieciocho años Imma se convirtió en una persona fantástica con la que pude compartir confidencias, secretos y estrategias para mantener a raya a nuestros hermanos. La cosa llegó a un punto en que, cuando me casé, tuvimos que pasar un duelo por renunciar a los momentos mágicos de las noches de complicidad en la habitación.

Cuando Imma tenía veinte años, me quedé embarazada de mi primera hija. Durante todo el embarazo, ella estuvo haciéndome compañía y, cómo no, un montón de preguntas: «¿Cómo es de tamaño?», «¿Notas si se mueve?», «¿Duele cuando se tiene a alguien dentro?». Puedo afirmar que ni mi propia sombra estaba tan cerca de mí.

Emocionada, me acompañaba a algunas visitas médicas. En una de las ecografías de rutina, le comenté:

—Mira, Imma, ¿has visto qué pequeña es? ¡¡¡Eso que se mueve tan deprisa es el corazón!!!

De repente vi que le cambiaba el color de la cara y fijaba la mirada en la pantalla.

—Imma, ¿te encuentras bien?

—No mucho —contestó.

Al instante se desplomó en el suelo más blanca que las sábanas y salté de la camilla para tumbarla. La había superado la emoción al ver las imágenes de su sobrina.

—Ya estoy mejor, ¡no sufráis! —decía entre nerviosa y desorientada.

En el mes de agosto de 1988 fui madre de una preciosa niña, Alba. Por aquellos días la familia estaba de vacaciones, pero volvió para estar con nosotros y dar la bienvenida a la pequeña.

Nos dieron el alta y llegamos a casa para estrenarnos como padres en una nueva vida llena de momentos que habíamos imaginado con mucha ilusión: hacer biberones, cambiar pañales, preparar la ropita o bañar a nuestra pequeña. Era como jugar a las muñecas, pero de verdad. Solo deseábamos gozar de cada instante con ella y descubrir lo que aflora en nuestro interior cuando tienes un hijo y te das cuenta de lo que serías capaz de hacer para preservar su vida por encima de todo y de todos.

En ese momento me parecía difícil imaginar un sitio en el mundo más lleno de felicidad, así que invitamos a mi familia a merendar para compartir con ellos esa alegría. Emocionada, me quedé esperándolos mientras mi marido iba al laboratorio de la universidad donde trabajaba para hacer unos cultivos.

Me pasaba las horas mirando a Alba. Me sentía como esas leonas que no dejan ni que una hormiga se acerque a sus cachorros. Parecía extraño, pero así era: un sentimiento de protección desconocido apareció dentro de mí. De repente me di cuenta de que los hijos son las únicas personas por las que darías tu vida sin dudarlo. La tarde fue pasando, esperé horas y horas, pero no venía nadie. El enfado iba en aumento. «¿Se han olvidado de que estamos en casa?», pensé. Llamé a mis padres y a mis hermanos, pero nadie respondió. No comprendía nada... ¿Dónde estaban todos?

Me sentía enojada, decepcionada y más encendida que una cerilla. Mi marido llegó tarde del laboratorio. Lo noté preocupado.

—¿Sabes? Esta tarde no ha venido nadie —le comenté.

—Lo más seguro es que hayan tenido trabajo y no hayan podido —respondió.

—¿Trabajo? Pero ¡qué trabajo, si estamos en agosto! —repliqué.

Me quedé en silencio, extrañada, perpleja y enfadada, de modo que mi marido, con un hilo de voz, dijo:

—Tus padres y hermanos no pueden venir porque Imma está ingresada con dolor en los ovarios. Está bien, pero no sé en qué hospital la han ingresado.

En un primer momento esa información me tranquilizó: existía una razón de peso para que no estuvieran a nuestro lado, pero al instante pensé: «Qué extraño que no sepa en qué hospital está Imma». Sin embargo, necesitaba creerlo y descansar.

A primera hora de la mañana me encontraba pegada al teléfono, insistiendo en llamar a todo el mundo, pero seguía sin recibir respuesta. Pensé que quizá había tenido que ser intervenida y esa era una causa justificada para que no pudieran llamar ni venir a vernos. Pero ¿dónde estaban mis hermanos pequeños?

Durante toda la mañana me quedé sentada en el sofá con mi hija en brazos. Dicen que los bebés perciben el estado de ánimo de la madre, y lo cierto era que Alba casi ni lloraba, por lo que pensé: «Qué suerte, parece que sepa que tengo la cabeza en otra parte». Ella añadía algo de tranquilidad a mi desesperación, pero, a medida que pasaban las horas, la angustia crecía, así que inicié una ronda de llamadas a todos los hospitales cercanos. Al final, la encontré.

Desde la centralita del centro no me podían dar información, pero me dijeron: «Le pasamos con un familiar». «Por fin podré hablar con alguien de los de casa», pensé. Esperaba que respondieran mis padres, pero al otro lado del teléfono oí la voz entrecortada y asustada de mi tío Ramón, el hermano de mi madre.

No podía creerlo. En ese instante mi cabeza empezó a pensar a la velocidad de la luz: «¡Cómo tiene que ser el dolor de ovarios de Imma para que nuestro tío, con lo ocupado que está, haya venido desde tan lejos!».

Percibí un gran esfuerzo en él para transmitirme normalidad, pero lo avasallé a preguntas…

—¿Has hablado con Imma?

—No, no he podido —respondió angustiado.

—¿Has venido y no has podido hablar con ella? —quise saber.

—Es que Imma está con tus padres.

—Pero, tío, ¿Imma habla?

—Bien, niña, ahora te llamarán tus padres —respondió.

Sus palabras no presagiaban nada bueno.

A pesar de la diferencia de edad, Imma y yo estábamos muy unidas, aunque desconocía hasta qué punto. Tras hablar con el tío Ramón, la confusión fue en aumento. La episiotomía dolía una barbaridad y me limitaba muchos movimientos; me encontraba enjaulada y sola. Nadie me contaba nada, mi marido también parecía haber desaparecido, y tenía la sensación de no saber cuidar de Alba porque mi mente, mi alma y mi corazón estaban bloqueados.

Aunque hacía poco que habíamos llegado a casa, parecía que hubiera pasado una eternidad. En silencio, veía que mi marido estaba triste, cansado, angustiado, y pensaba: «¡Estamos apañados! Si tres días después de tener a Alba ya está así...».

No hacía más que dar vueltas a las cosas durante todo el día, y, cuanto más pensaba, más confundida me sentía.

Me considero una persona normal, sin capacidades extrasensoriales, pero desde hacía un tiempo, y aunque no quería darle importancia, un lugar concreto de la casa llamaba mi atención. No siempre sucedía, solo en algunos momentos, en especial cuando estaba sentada en el sofá, entre la puerta de acceso desde el recibidor y un mueble del salón. Justo en ese lugar percibía la presencia erguida de una figura masculina alta y delgada, de semblante triste, vestida de color oscuro. Era como una sombra, por lo que consideraba que eran malas pasadas del cerebro, fruto de alguna fantasía. No obstante, sentía inquietud, ya que aquella sombra estática me miraba fijamente y me transmitía desolación.

¡No se lo había contado a nadie! ¿Qué iba a explicar, que

de vez en cuando percibía la sombra de un señor en casa? No tenía sentido... ¿Qué hubieran pensado de mí? Poco tiempo después entendí el sentido, el significado y la razón de aquella sombra.

Durante la cena, vi que mi marido tenía la cara desencajada.

—¿Qué te pasa? —le pregunté.

—Nada —dijo con una sonrisilla forzada.

Eran casi las once de la noche cuando una llamada al timbre de la puerta me sobresaltó. «¿Quién puede venir a estas horas?», pensé. Mi marido se levantó del sofá para abrir como si el cuerpo le pesara mucho. Entonces, muy despacio, con un doloroso silencio y como si el aire fuera sólido y pesado, mis padres y mis hermanos entraron en casa. Todos menos Imma.

Sus caras mostraban dolor, tristeza y desesperación. En ese instante, la sombra que había intuido durante todo aquel tiempo cobró sentido. Justo en el lugar en que distinguía aquella triste y preocupada presencia, percibía esa sensación en mi familia, que llevaba grabada en el rostro la palabra «muerte», como un incendio de dolor que salía de sus ojos, mientras me observaban consternados en silencio.

Noté que no venían preparados, estaban allí con las manos vacías, sin saber qué hacer ni qué decir.

—¿Qué pasa? —quise saber.

—Imma ha tenido un accidente —respondió mi padre con un hilo de voz.

—¿Ha muerto? —pregunté sin saber ni lo que preguntaba.

Entonces su silencio detuvo mi mundo y ese instante se quedó grabado en mi alma como un tatuaje. Mi cuñada, sin perder más tiempo, se acercó a mí y me dijo:

—Imma ha tenido un accidente de tráfico. Está en coma profundo, pero viva.

Les hice preguntas sin cesar. Ellos intentaban responderlas, pero el dolor era inmenso. Mis padres me recomendaron:

—Ahora tienes que cuidar de Alba.

Asentí con la cabeza mientras pensaba en lo generosos que eran al decirme aquellas palabras mientras que posiblemente su propia hija se estuviera muriendo.

Mi cabeza no se permitía ni un momento de descanso. Durante los días siguientes solo había una idea en ella: «Tengo que ir a comprar algo de ropa para ir a ver a Imma». El dolor de la episiotomía era insoportable, incluso con calmantes, y, para mi desesperación, apenas podía andar.

Desalentada, me dejé llevar por la posible existencia de Dios y le mostré sobradamente mi enojo. Entonces recordé que, en nuestra boda, una persona creyente nos había regalado el busto de un Cristo agonizando, pero yo había guardado el obsequio en una caja y la había dejado al fondo de un armario. A toda prisa, busqué la caja y, con la imagen entre las manos, le dije:

—Si permites que Imma viva, nunca volveré a guardarte en una caja.

Impotente y desesperada, pensé que quizá aquella promesa no era suficiente para llamar la atención de Dios. Necesitaba encontrar algo superior a lo que suplicar e implorar por la vida de mi hermana. Al día siguiente, aprovechando la visita de un familiar, me dirigí a la iglesia donde había un Cristo de tamaño natural clavado en la cruz. El dolor que emanaba de su cuerpo me ayudó a reconocer el mío y, mirándolo muy enfadada, le dije con voz alta, firme y decidida:

—Si para darme una hija me quitas a mi hermana, llévate a mi pequeña y deja vivir a Imma.

Después de pronunciar esas palabras, lloré como nunca. Me sentía culpable por haber sido capaz de decirlas, me sentía mal, pero pensé que quizá Dios las había escuchado, que sabría cómo perdonar lo que había dicho y comprendería el amor que sentía por mi hermana.

El impacto emocional por todo lo que estaba sucediendo era tal que tenía la sensación de volverme loca. En pocas horas, pasé de la felicidad más absoluta por ser madre a tambalearme al borde de un abismo. Multitud de pensamientos hirvieron dentro de mí, y entre ellos recordé la historia del juicio de Salomón, en el que dos madres reclamaban a un hijo vivo. Nadie me estaba pidiendo que eligiera, pero, aun amando con locura a mi hija, no podía soportar la muerte de Imma.

Al día siguiente me puse un vestido morado y triste para ir a verla a la UCI. Al entrar en aquel largo pasillo lleno de ventanitas, percibí una ola de dolor. A través de una de las ventanas vi a Imma, envuelta en tubos, rodeada de máquinas, sondas y sueros para tener la oportunidad de seguir con vida. Una sábana almidonada cubría su cuerpo roto. Tras entrar en su habitación, extendí las manos sobre su plexo solar —donde se dice que habita el alma— y noté que estaba tranquila, mucho más que nosotros.

Como enfermera, sé lo importante que es la familia para un enfermo, y quería que recibiera el plus que no le podía dar ninguna máquina ni medicación. Necesitaba estar más cerca de ella, hablarle, acariciarla y que sintiera con fuerza que estábamos a su lado. Queríamos transmitirle que la amábamos, que estábamos con ella, y pedirle que, en la medida que pudiera, continuara conectada a la vida. Nuestras manos, voces y olores era lo que más conocía de todo lo que la rodeaba.

Me acerqué a ella con temor y respeto.

—Imma, has tenido un accidente de coche —le dije al oído—. Tienes un aparato que te ayuda a respirar. Estamos todos a tu lado y Alba te espera. Imma, gracias por seguir con nosotros. Intenta no ir hacia la luz, aunque sientas una paz infinita. Todavía tienes mucho por hacer a nuestro lado.

Lloré en silencio. Entonces vi que en el monitor cambiaban los parámetros del electrocardiograma, la respiración y la tensión arterial, y que se disparaban varias alarmas que las enfermeras vinieron a apagar. En ese momento descubrí que Imma me oía, que sabía que estaba allí y que le quedaban energías para sobrevivir. Las alarmas eran una forma de comunicarse desde un estado de conciencia para nosotros desconocido... «¡Eh, te escucho!», parecía decir.

Una chispa de alegría explotó por fin dentro de mí. Necesitaba estimular a Imma para que siguiera conectada a la vida. Le hablé, le hice masajes y caricias, y las alarmas no paraban de sonar. La tensión arterial y la frecuencia cardiaca aumentaban, e incluso luchaba contra la máquina que la ayudaba a respirar. Imma quería empezar a hacerlo por sí misma y se estaba comunicando. ¡Sabía que estábamos a su lado y nos decía que quería vivir!

En ese instante, una enfermera malhumorada se acercó para detener las alarmas que seguían sonando.

—No la toques, que no es bueno —me dijo.

«¿Que no es bueno? ¡Claro que es bueno! Como enfermera, deberías saberlo», pensé. Pero estaba tan contenta que lo que quería era que cuidasen de ella las horas que no podíamos estar allí.

A la salida, les expliqué a mis padres lo que había ocurrido y les dije que siguieran estimulándola cada día, pero que lo hicieran de forma discreta para evitar que los profesionales se enfadaran con ellos. A partir de ese momento, mis padres me llamaban cada día para contarme lo que hacían y le decían. Tenía la dulce sensación de que sumábamos y avanzábamos a cada hora, aunque fuera lentamente, despacito, poco a poco.

Había transcurrido casi un mes desde el accidente y los médicos decidieron quitarle el respirador de la boca y hacerle una traqueotomía. Ese paso era importante y positivo, ya que indicaba que necesitaría menos sedación y verían si era capaz de respirar por sí misma.

Para que nuestros padres se pudieran dedicar a Imma, mis hermanos pequeños, David y Ricard, de trece y doce años respectivamente, habían tenido que separarse e ir a vivir con los hermanos mayores. Un duelo añadido a su vida porque eran inseparables. Ese día, David estaba en casa, así que tenía con quien hablar. Nuestros padres nos telefonearon para informarnos de que los médicos habían decidido realizarle la traqueotomía esa tarde, y para nosotros fue un motivo de alegría. Pero poco después llamaron de nuevo para avisarnos de que no se la podían hacer hasta al día siguiente porque había habido un incendio en la estación de tren y los profesionales de urgencias estaban colapsados con tantos heridos.

Encendí la televisión y constaté la gravedad de lo ocurrido. Imma tendría que esperar para que la intervinieran.

Sin embargo, a las seis de la tarde ocurrió algo extraño. Estaba sentada en el sofá junto a David, con Alba en brazos, cuando sentí un dolor punzante e insoportable en la tráquea. El dolor había aparecido de repente y me impedía mover el cuello. No comprendía lo que pasaba: sentía como si me estuvieran clavando un puñal, incluso me costaba hablar. Entonces pensé: «¿Y si le están haciendo la traqueotomía a Imma?». Con dificultad, le expliqué a David lo que me estaba pasando y que quizá era una señal de que estaban interviniendo a nuestra hermana, pero él respondió:

—No puede ser, los papás han dicho que hasta mañana no se la harán.

Pensé que lo que me estaba sucediendo era demasiado extraño.

—David —dije—, quizá los médicos por alguna razón han encontrado un hueco para ella. Lo que me pasa no es normal, y creo que está relacionado con Imma.

Él me miró extrañado y no supo qué responder.

El dolor duró una interminable media hora. Pasado ese tiempo, desapareció tal como había empezado. Una hora después sonó de nuevo el teléfono. Eran nuestros padres, para contarnos que les habían llamado los médicos del hospital y les habían informado de que al final, a las seis de la tarde, le habían podido hacer la traqueotomía y que Imma estaba bien.

En ese momento la cara de David era un poema. No entendía lo que me había pasado, y yo tampoco. Estaba tan desconcertada que me alegré de tener a mi hermano a mi lado, testigo de un hecho tan extraño y especial.

Intenté razonar que lo que había pasado era fruto de la casualidad. No obstante, al escuchar a mi corazón, me rendí a la evidencia de que podía existir una conexión invisible y desconocida entre algunas personas. Lo que había ocurrido era algo que no se podía observar, pesar o medir, por lo que era imposible demostrarlo científicamente. Pero cuando uno lo vive en primera persona, la mirada es muy distinta. Desde entonces no he podido ni he querido pensar que fue algo casual.

La recuperación de Imma necesitó de un largo periodo, pero nos sirvió de aprendizaje. Lo que viví con ella me enseñó que hay cosas que no se pueden medir ni explicar con la razón, pero que tienen un impacto profundo en las personas que las experimentan. Me di cuenta de que quizá exista un universo de señales, rastros, signos, manifestaciones o conexiones energéticas que desconocemos, un mundo de casualidades que sorprenden a quien las vive y quedan grabadas en el recuerdo como un hecho muy especial, coincidencias extraordinarias que tal vez no existan como tales.

A pesar de que han transcurrido más de treinta años desde el accidente, cuando quiero nombrar a Alba, la llamo

Imma, y viceversa. Imma volvió a nosotros poco a poco, pero con una fuerza renovada. Hoy es una mujer extraordinaria, llena de vida y entusiasmo. Con el tiempo, logró volver a trabajar, participó como voluntaria en los Juegos Olímpicos, se casó y tiene un hijo. Es una mujer espléndida, positiva, vital, entusiasta de la vida y de todo lo que la rodea. Su recuperación nos cambió a todos. En nuestra familia, lo que vivimos marcó un antes y un después en todos los sentidos. Como un tornado, nos llevó de un lado a otro, nos puso al límite, nos enseñó la capacidad y la dificultad de cada uno de nosotros y nos fortaleció. Aquella experiencia me hizo replantearme muchas cosas, y fue el impulso final para seguir mi vocación latente desde pequeña de acompañar a personas en el proceso de morir y apoyar a sus familias.

Reflexión. Desde hace miles de años, el ser humano ha tenido la necesidad de creer en algo superior a sí mismo. Se estima que en el mundo existen cuatro mil doscientas religiones, organismos, grupos religiosos, tribus, culturas, movimientos o preocupaciones fundamentales. Las religiones son manifestaciones culturales consolidadas que tienen en común el convencimiento de la existencia de algo sagrado y divino, en forma de uno o varios dioses, responsable de la creación de las leyes de la naturaleza. Son dioses que se dedican a dar respuesta al sentido de la vida y la muerte, y aportan interpretaciones acerca del mundo, su origen y el más allá.

El hinduismo es la religión más antigua que se sigue practicando: sus textos sagrados se remontan a hace tres mil años y en la actualidad existen más de mil millones de hinduistas. El cristianismo es la religión que cuenta con un mayor número de seguidores en el mundo: más de dos mil millones. Cada grupo religioso tiene sus propios rituales y oraciones que se transmiten de generación en generación.

Algunas personas creen en la existencia de un dios pero están en desacuerdo con los credos de la religión. Creer en un ser superior permite a sus seguidores maldecirle y enojarse con él en situaciones concretas de la vida.

Desconocemos si existe un dios, y dudo que sea como lo describen. En realidad, se trata del secreto mejor guardado, ya que, después de morir, en el punto de no retorno, nadie ha vuelto para contarlo. No obstante, tras lo que he vivido, debo reconocer que en momentos caóticos y dolorosos me sentí inmensamente pequeña y, sin ser devota, necesité pedir ese imposible a un hipotético ser superior.

Aquella imagen de Cristo recuperada del fondo de un armario está en un lugar destacado de nuestra habitación, y ahí seguirá el resto de mi vida.

La joven de Mozambique

En 2005 me encontraba de visita en Mozambique con el objetivo de profundizar en el acompañamiento durante el final de la vida en una sociedad que da más valor al sentido de la vida que a la cantidad de años que se viva. Aprovechando el viaje, reunimos material escolar para los niños huérfanos del hospital donde íbamos a quedarnos. Cuando llegamos a la aduana del aeropuerto de Maputo, la policía revisó lo que llevábamos y nos exigió que pagáramos si queríamos introducir el material en el país. Las hermanas que dirigían el hospital vinieron a recogernos y, tras muchas dificultades, consiguieron evitar el soborno.

Para llegar a nuestro destino, hicimos un viaje de tres horas por diversos poblados en los que había muchos niños que reían y corrían detrás de pelotas de trapo. Se los veía agrupados, bailando contentos y llenos de energía. El hospital se encontraba en la provincia de Gaza. Se ocupaban de más de ciento treinta enfermos encamados, pero en realidad atendían a muchas otras personas. La construcción era de los años sesenta, pero, debido a la guerra y las inundaciones, había sido necesario restaurarlo en varias ocasiones. A pesar de las dificultades, las hermanas habían levantado una y otra vez el hospital. Eran un grupo de mujeres con una gran voluntad, inmenso amor hacia los enfermos y capaces de llevar un centro tan grande con mínimos recursos a su alcance.

Formado por tres alas —mujeres, hombres y niños huérfanos—, el hospital ofrecía consultas externas a más de trece mil personas enfermas de VIH/sida, tuberculosis, malaria y patologías crónicas. Familias enteras caminaban decenas de kilómetros y se instalaban en el patio para que las visitaran y atendieran.

Las hermanas nos acogieron con amabilidad y nos hablaron de la organización y el funcionamiento del centro. Hicimos un recorrido por las salas, con más de veinte camas en cada una, y saludamos a las personas ingresadas, que extendían las manos para sentir el contacto de las nuestras. Por la noche, las madres convalecientes, muchas de ellas viudas, mantenían a sus hijos durmiendo en el suelo, debajo de la cama, para protegerlos. Las mamás dejaban una mano fuera de la cama, y los niños, desde abajo, se la acariciaban de vez en cuando para comprobar si vivía.

Los lunes a las seis de la mañana se realizaban las extracciones de sangre para controlar y tratar las infecciones y epidemias entre la población. Recuerdo que ese día, al salir de la sala para entregar las muestras recogidas, me llamó la atención el respeto, la paciencia y el silencio de los centenares de personas de todas las edades que llenaban el patio. Estaba tan repleto que teníamos que pasar de puntillas para no pisar a alguien, pero lo más impresionante fue observar que no había discusiones, alborotos ni gritos. Cada niño estaba junto a su grupo familiar.

Durante una de las visitas al sector de mujeres vi que, delante de la puerta de la sala, habían puesto un camastro improvisado en el que yacía una joven. Tenía treinta y cuatro años, y estaba enferma de sida, tuberculosis y malaria. Prácticamente no hablaba, solo pesaba treinta y tres kilos. Las hermanas comentaron que la habían encontrado en los alrededores del hospital; no sabían de dónde venía ni cómo localizar a su familia.

Recuerdo sus grandes ojos mirándome. Estaba tan enferma que ya no luchaba para agarrarse a la vida. En pocas palabras, estaba en plena desconexión, y ya no temía a la muerte. Me arrodillé a su lado y le acaricié las mejillas sin intercambiar palabra, solo con respeto y ternura. Las demás enfermas nos observaban atentas, tumbadas o sentadas en la cama, manteniendo un respetuoso silencio.

Entonces me levanté y, mientras cerraba la puerta de la sala, algunas salieron para pedirme que volviera. Al entrar, vi que la joven había muerto. Su corazón se detuvo justo cuando se supo acompañada, aunque fuera por una desconocida. Sentí un profundo agradecimiento hacia ella por haberme dedicado su última mirada y haberme escogido para tan importante momento.

Le coloqué la mano derecha sobre la frente y la izquierda en el plexo solar, y sentí que todavía albergaba su alma. Estaba allí, su cuerpo aún no se había vaciado del todo. En pocos minutos, los músculos de la cara se le relajaron, sus facciones se suavizaron porque el dolor ya no estaba presente. Gracias a la muerte, había dejado de sufrir, y en ese instante transmitía tranquilidad. Le deseé un dulce camino, porque pensé que era lo que me hubiera gustado que hicieran conmigo.

A pesar de las dificultades para desplazarse, las otras mujeres habían salido de la sala. Se ayudaban unas a otras porque no querían ver la muerte de cerca. Tenían miedo, y no podían evitar pensar que cualquiera de ellas podría ser la siguiente.

Le anudé un trozo de ropa alrededor de la cara para que no se le abriera la boca. Al limpiar su ligero cuerpo, observé que llevaba un delgado y colorido cordón alrededor de la cintura que indicaba la pertenencia a un clan. Esta particularidad nos ayudaría a encontrar a su familia. La cubrí con una sábana limpia y, con un beso, me despedí agradecida.

> **Reflexión.** La muerte —como el nacimiento— suele llegar cuando estamos preparados para afrontarla, salvo en los casos de muertes inesperadas o traumáticas, en los que no hay tiempo para procesarlo. Al igual que cada persona es única a lo largo de su vida, su preparación para el final también lo es. Algunas sienten que están listas meses antes y hablan abiertamente sobre el tema; otras, en cambio, no encuentran las palabras hasta los últimos minutos o segundos.

Es común que algunos esperen la llegada de alguien especial para despedirse y morir en paz, mientras que otros prefieren hacerlo en soledad. Hay personas que se relajan y parten rodeadas de sus seres queridos, y otras que, de forma consciente o inconsciente, evitan que sus familiares presencien ese momento.

De cualquier forma, el final de la vida siempre es un instante profundo y único, lleno de una humanidad que lo hace, inevitablemente, especial.

Una mañana en el cementerio con Pilar

Conocí a Pilar en 2003, tras la inesperada muerte de su hijo, de treinta años, por una complicación pulmonar. Pilar no podía entender lo ocurrido.

—¿Cómo puede ser que, cuando entierras a un hijo, no se detenga tu corazón? A partir de ese momento, los ojos del alma solo pueden ver un color, ¡el negro! —me decía.

El dolor la había llevado a formar parte del Grupo de Duelo fundado en 2001 con el objetivo de acompañar a las personas que estaban pasando por ese proceso y promover su salud. Nos reuníamos un día a la semana, y todos coincidían en que era una persona muy especial. Nos fascinaba su manera de describir las emociones.

—El dolor es tan grande que me gustaría perder la conciencia. A veces siento que voy a morir, pero nunca acabo de hacerlo —comentaba.

Pilar era una mujer perseverante que no cesó hasta trasladar el cuerpo de su hijo a un nicho para él solo. Después de alcanzar su deseo, se encontraba vacía y cansada, pero relajada y en paz. Desde hacía tiempo, nos contaba que, cada viernes, iba al cementerio a cuidar del jardín de flores de la casita de su hijo.

—Es el único momento en que soy feliz y sonrío. Le he plantado romero, que le gustaba mucho. Lo he traído del pueblo —decía entre entusiasmada y rota por el dolor.

La escuchábamos con atención y nos imaginábamos el jardín de flores como el lugar más cuidado y maravilloso del mundo.

Pilar también explicaba que hacía lo mismo con las demás parcelas.

—También cuido el jardín de sus vecinos, seguro que les gusta —decía.

Era una mujer infinitamente generosa, respetuosa con

todo el mundo y vital que intentaba seguir viviendo con el recuerdo de su hijo como bandera. Hablar de él y con él la ayudaba a vivir y encontrar un poco de luz entre tanta oscuridad.

Pilar no tenía prisa, sabía que el dolor sería largo y que le costaría levantarse cada día, pero estaba convencida de que su hijo quería lo mejor para ella.

Un día le comenté que me gustaría acompañarla a ese lugar tan especial y observar los rituales que realizaba cada viernes cuando iba al cementerio. Ella se mostró encantada con mi petición, y me sentí afortunada por poder ser testigo y formar parte de un momento mágico.

Ese viernes por la mañana fui a buscarla con el coche. Clàudia, mi hija pequeña de siete meses, iba detrás, en su sillita. Era una niña tranquila que hacía las cosas normales de su edad; no llamaba la atención por nada especial, al menos hasta entonces.

El cementerio ocupa ciento ochenta hectáreas de la montaña de Montjuïc, en Barcelona, y por entonces albergaba ochenta y ocho mil sepulturas, por lo que debías saber bien dónde ibas para no perderte. El hijo de Pilar estaba en lo más alto, de modo que tuvimos que atravesar gran parte del lugar. Al llegar, aparqué bajo un gran pino. Clàudia se había quedado dormida, así que decidí no despertarla y dejarla en el coche, a la sombra del árbol. El lugar era muy tranquilo, se respiraba paz, y solo se oía el concierto de los pájaros.

Pilar sacó del coche las plantas que había preparado. Llevaba en el bolso los utensilios para plantar, el ritual de cada semana. Observaba en silencio sus movimientos para no molestarla mientras Clàudia seguía durmiendo tranquila en el coche. Incluso yo me habría tumbado en el suelo, cerrado los ojos y dejado llevar por la paz y ternura que desprendía el espacio en el que nos encontrábamos.

Como agradecimiento por compartir conmigo unos momentos tan sagrados, llevé un pequeño escrito dedicado a su hijo y le pregunté si podía leerlo. Tras una mirada suya de gratitud, comencé a leerlo mientras observaba cómo Pilar recibía las palabras como si fuera un regalo. Me sentí feliz y emocionada, testigo de algo muy especial.

Una hora después Clàudia seguía dormida, pero, en cuanto entramos en el coche, se despertó y nos recibió con una gran sonrisa. Iniciamos la vuelta contentas y satisfechas, cada una por sus propios motivos. Poco después de iniciar el regreso, Pilar me preguntó:

—¿Clàudia sabe saludar?

—No, Pilar, aún no, es muy pequeña —le contesté, más pendiente de la estrecha carretera del cementerio que de lo que me decía.

Como conducía tan despacio, pude mirar a Pilar y vi que estaba emocionada, incluso le caía una lágrima.

—Xusa, mira a tu hija —me dijo—. Está mirando por la ventanilla y saludando a no sé quién, ¡porque no hay nadie!

Aminoré la marcha y volví la cabeza para comprobar lo que me comentaba Pilar. ¡No podía creerlo! Cualquier madre tiene claro lo que sabe y no sabe hacer su hijo, y Clàudia nunca había saludado. Me extrañó y, sin detener el coche, seguí mirándola por el retrovisor. Bajábamos por la carretera muy despacio. No quería perderme ningún detalle mientras la veía sonreír y saludar mirando por la ventanilla del coche. Además, me di cuenta de que no saludaba como suelen hacerlo los bebés, abriendo y cerrando la mano, sino moviéndola de un lado a otro, como hacemos los adultos. La emoción no me dejaba articular palabra, tenía un nudo en el estómago y las lágrimas salían de mis ojos. Igual que Pilar, seguí observando a Clàudia mientras mi hija continuaba mirando fijamente por la ventanilla y devolvía un saludo de forma mimética.

«Pero si no hay ni un alma», pensé. Ella, ajena a nosotras, siguió saludando durante más de diez minutos, hasta llegar a la barrera del cementerio. Entonces dejó de hacerlo, miró de nuevo hacia delante y se quedó tan tranquila, como si nada.

Nosotras, con la cara llena de lágrimas, nos miramos y nos quedamos mudas porque no veíamos a nadie, ¡claro! Pero quizá Clàudia sí... Daba la sensación de que en el lugar había muchas personas que la saludaban y ella, feliz, devolvía el saludo.

A pesar de que mi hija es muy sensible, en estos años transcurridos desde entonces nada me ha llamado la atención, salvo que tiene una inteligencia emocional muy desarrollada. Vive los momentos relacionados con la muerte de forma natural, y los cementerios son para ella espacios de socialización, descubrimiento y reflexión. Cuando era una niña y nos acompañaba a visitar un cementerio, le gustaba repartir las flores frescas de las personas recordadas con aquellos que no tenían ninguna.

Para Pilar, fue como recibir un mensaje de su hijo: «Mamá, estoy bien, volveremos a vernos».

> **Reflexión.** El *Libro tibetano de los muertos* afirma que los niños pequeños tienen la capacidad de ver el alma de los que han fallecido. Desde aquel día, aún estoy más convencida de ello. Lejos de sentir miedo, me invade un profundo agradecimiento por lo vivido.
>
> Si las almas —esencias, energías o como queramos llamarlas— se presentaban ante Clàudia, era porque sabían que ella tenía la capacidad de verlas y le enviaban un mensaje de paz. Clàudia, a su vez, nos transmitió esa calma, aunque también nos dejó sumidas en un mágico y maravilloso desconcierto.
>
> > La forma en que la familia afronta la pérdida de uno de sus miembros puede ayudar al niño a vivir el proceso de duelo para reconstruir, aceptar y superar, o, al contrario, puede dificultarle el proceso.
> >
> > Montse Esquerda y Anna M. Agustí

Hermano Árbol

Momentos difíciles

Tenía cuarenta y siete años cuando me diagnosticaron cáncer de mama. En ese instante, sentí que mi mundo se detenía. La incertidumbre y el miedo se convirtieron en mis compañeros, en especial porque tenía tres hijas —Alba, Anna y Clàudia, de dieciocho, trece y cinco años respectivamente— y lo único que deseaba era curarme para seguir a su lado, anhelo que compartía con tantas otras personas que estaban en mi misma situación.

Ese año, por primera vez, tuve que cambiar de médico para mi revisión ginecológica anual porque la lista de espera estaba saturada. Al principio me molestó el cambio, pero luego pensé que las cosas no pasan por casualidad. Mi médico de siempre solía pedirme una mamografía, pero el nuevo ginecólogo decidió hacerme también una ecografía mamaria.

El resultado fue impactante: la mamografía no mostró anomalías, pero en la eco de mi mama derecha apareció una imagen que la biopsia confirmó como un cáncer en fase inicial, aunque muy agresivo. Al recibir la noticia, mi mente se llenó de preguntas: ¿qué hubiera pasado si solo me hubiesen hecho la mamografía, como cada año? ¿Un año después habría tenido metástasis? ¿Habría podido sobrevivir?

A partir de ese momento, mi único objetivo era recuperar la salud. Ese era el camino que debía seguir, mientras dependiera de mí.

Vivir con un diagnóstico de cáncer significa convivir con la incertidumbre y el miedo a diario. Buscando la paz, encontré refugio en la naturaleza, especialmente en los paseos por el bosque con Wally, nuestro fiel perro. Los árboles, con su presencia imponente, me ofrecían un espacio de serenidad y reflexión.

El encuentro con mi Hermano Árbol

A Wally, nuestro perro, le encantaba pasear por el bosque. Ese día, mientras nos adentrábamos en él, sentí una necesidad extraña pero poderosa: abrazar a los árboles. Rodeé con los brazos sus troncos, uno tras otro, buscando los más imponentes y hermosos. Wally, curioso, solo me observaba. Tras varios estrujones, mis brazos estaban cubiertos de resina, pero no sentía nada especial. Pensé que quizá todo aquello de la energía de los árboles eran teorías sin fundamento. Un tanto decepcionada, continué el paseo, pero, de repente, algo cambió. Al abrazar a un pino que se encontraba justo en medio del camino, una sensación nueva y desconocida me recorrió el cuerpo, me invadió una paz inmensa, y me sentí tan segura que no quise soltarme de ese árbol. Mis pensamientos volaron y, en ese momento de conexión profunda, me emocioné. Me di cuenta de que ese árbol me estaba ofreciendo un regalo invaluable. ¡Había encontrado mi Árbol!

Mi Hermano Árbol era un pino alto con una copa sencilla y discreta, lejos de ser el más imponente del bosque, pero para mí era el más bello. Su tronco era perfecto, lo suficiente para que mis brazos lo pudieran rodear. El viento del mar lo había inclinado, y cuando lo abrazaba sentía que me sostenía. Comencé a visitarlo con frecuencia, pues en cada encuentro me ayudaba a conectar con mi estado emocional más profundo. Sin una explicación lógica, ese árbol se había convertido en mi compañero, amigo y hermano.

En aquellos difíciles momentos, durante el tratamiento

con quimioterapia, su presencia me resultaba reconfortante. Me sentía inmensamente agradecida porque el bosque me había regalado un árbol que me estaba ayudando a entender mi capacidad de respuesta emocional frente a la enfermedad. No sabía hasta qué punto aquel pino me iba a permitir crecer y madurar justo cuando el cáncer había detenido mi mundo y transformado mi vida. A través de él, descubrí que mi alma necesitaba hablarme, y fue mi Hermano Árbol el que me ayudó a entablar esa conversación.

Visitarlo se convirtió en un ritual indispensable. Cuando el viento soplaba fuerte por la noche, al día siguiente corría al bosque, con la primera luz de la mañana, para asegurarme de que seguía en pie.

Una tarde lluviosa, a punto de oscurecer, ocurrió algo: Wally necesitaba salir y, aunque el día estaba llegando a su fin, nos apresuramos a adentrarnos en el bosque antes de que la oscuridad nos envolviera por completo.

Tarde de confusión y redescubrimiento

Los olores del bosque eran un regalo. El musgo bajo mis pies era tan suave que parecía caminar sobre nubes. Mis sentidos se deleitaban mientras avanzaba, imaginando que el tronco del árbol estaría frío y húmedo por la lluvia. La oscuridad se cernía cada vez más deprisa. Aunque a Wally no le costaba ver por dónde iba, yo ya no distinguía las piedras del sendero. La oscuridad total estaba al caer, pero todavía divisaba a lo lejos la silueta de mi Hermano Árbol, por lo que aceleré el paso para llegar cuanto antes, deseando ese abrazo tan necesario.

Cuando al fin lo alcancé, lo abracé con fuerza y le susurré que lo había echado de menos, pero me di cuenta de que algo no andaba bien. El árbol, mi árbol, se mostraba distante, frío, como si me rechazara. No entendía qué estaba sucediendo y me invadió una tristeza profunda.

—¿Qué te pasa? ¿Por qué me rechazas? —le pregunté, desolada.

Sentí que mis palabras no le importaban, que incluso rechazaba mi abrazo. ¿Cómo podía hacerme eso justo cuando más lo necesitaba? Mi corazón se llenó de enfado y tristeza, y mi alma se sintió más pequeña y desvalida que nunca.

Lo solté de mala gana, hecha polvo, y en ese momento levanté la mirada. Vi a Wally, sentado frente a otro árbol, observándolo fijamente. Lo llamé, pero no se movía, así que, con esfuerzo, me dirigí hacia él. Mientras avanzaba, me di cuenta de algo sorprendente: el árbol al que había estado abrazada no era el mío, y Wally había estado señalándome el correcto. Con lágrimas en los ojos, me detuve frente a mi verdadero Hermano Árbol y, como una muñeca rota, me dejé caer sobre él. Lo abracé con todo mi ser y cerré los ojos.

No hay palabras para describir aquella maravilla. Sentí, con absoluta certeza, que él también me abrazaba. No necesitaba hablarle, parecía saber lo que yo vivía, sin embargo me llegó un mensaje desde mi interior: «Te has confundido, ¿verdad? Pero al final supiste que no era yo». Entonces lloré como hacía tiempo que no lloraba.

Instantes después, una paz inmensa me recorrió el cuerpo. Mi alma, agotada, encontró la calma y mi corazón recuperó su ritmo normal. Me costó soltarlo porque a su lado me sentía segura, exhausta pero aliviada.

Entonces recordé unas palabras que Clàudia, mi hija, había dicho cuando tenía seis años, unas que había anotado para no olvidarlas jamás: «Mamá, el alma está en el corazón, tiene forma redonda y manda los deseos. No se puede ver y, cuando está triste, le decimos: "¿Puedes parar de llorar?". El cerebro manda y nunca deja de pensar. Y cuando el alma llora, el cerebro no puede pensar ni para hacer los deberes. Se ama con el alma. Los animales también tienen alma en el corazón. Cuando morimos, el alma se va a otro corazón. Tu alma es de color rojo, y nos amamos porque tú tienes mi corazón y yo tengo el tuyo».

Esas palabras cobraron un significado profundo en ese instante, y me ayudaron a entender que hay un significado detrás de cada momento que vivimos y un sentido en la relación con el Hermano Árbol.

De camino a casa, no podía dejar de pensar en lo que había ocurrido. Me preguntaba si había sido yo la que había elegido al Hermano Árbol o si fue él el que me eligió a mí. Me di cuenta de que, cuanto más descubría, más cosas me quedaban por entender. Me sentí fascinada y al mismo tiempo convencida de que existe un secreto que solo conoceremos cuando llegue el momento. Sospecho que aquellos instantes fueron una preparación para lo que aún estaba por venir.

Continuación del viaje

Mi relación con el Hermano Árbol me ha enseñado que hay secretos en la naturaleza y en nosotros que solo descubrimos en momentos de gran necesidad. Esta conexión me ha dado la fuerza que necesitaba para superar las inclemencias de la vida y me ha mostrado el poder curativo y transformador de la naturaleza, algo que va más allá de nuestra comprensión. Hace años que me curé, pero sigue siendo emocionante y mágico abrazarme a mi Hermano Árbol. Su contacto me calma, el mundo se detiene y escucho sin miedo lo que me dice mi alma. Es como si me esperara y me dijera: «Xusa, has tardado en venir». A veces lloro emocionada o sonrío de felicidad. Cerca de él descansa el cuerpo de Wally, nuestro fiel compañero, completando este círculo de vida, amor y conexión.

Reflexión. El escritor y poeta alemán Erich Kästner decía: «Caminar sobre el asfalto deforma el alma. Con los árboles se puede conversar como con hermanos. Te cambian el alma». Por su parte, Hermann Hesse, también de origen alemán y Premio Nobel de Literatura en 1946, escribió: «Los árboles son sagrados. Quien sabe escucharlos descubre la verdad».

Estas palabras resuenan profundamente en mí, de alguna manera confirman que mi conexión con mi Hermano Árbol va más allá de lo que puedo explicar con la razón. No creo que se trate de una simple coincidencia ni de un juego de mi

> mente. La confusión que viví —cuando estaba segura de que estaba abrazando a mi árbol pero descubrí que me había equivocado— me dejó una sensación que no puedo ignorar. Esa experiencia me reveló que hay algo más profundo y misterioso en nuestra relación con la naturaleza, algo que trasciende lo visible y lo tangible. Los árboles, como decían Kästner y Hesse, tienen la capacidad de transformar y sanar el alma, y mi Hermano Árbol ha sido mi compañero en este camino de descubrimiento.

Una Navidad con Josep

Era la Navidad de 2014, un día festivo para muchos, pero en el hospital era una jornada de trabajo más. Aun así, quería salir temprano porque celebrábamos la cena familiar en casa. Tenía que preparar la comida y todos los detalles para una noche que, como en otros hogares, era especial. La Navidad para nosotros es mucho más que adornos o regalos: es la oportunidad de reunirnos con los que nos importan, esas personas que nos acompañan en los momentos difíciles, que se preocupan por nosotros, por lo que hacemos y pensamos, a quienes amamos y nos aman.

A media mañana recibí una llamada de la Unidad de Cuidados Intensivos. Un paciente había tenido una complicación grave. Al llegar, me encontré al equipo de enfermería visiblemente afectado; su rostro reflejaba tristeza y agotamiento. Sus miradas, bajas y desesperadas, lo decían todo.

Josep, un joven de treinta años, había ingresado por una malformación vascular en el cerebro. Era soltero, y su vida prometía volver a la normalidad tras una intervención que parecía exitosa. Todo apuntaba a que, con la cirugía, el problema se resolvería y volvería a ser el de siempre. La operación había salido bien, y Josep estaba despierto, sin dolor y de buen humor. Charlaba y bromeaba con las enfermeras mientras completaba las horas de observación en la UCI.

Poco antes había hablado con su familia y les había dicho que podían irse a casa tranquilos, que al día siguiente estaría en planta. Sus familiares, relajados y con la esperanza de que lo peor había pasado, se despidieron de él y se dirigieron al aparcamiento con una sonrisa en el rostro.

Sin embargo, apenas unos minutos después todo cambió. De pronto, Josep se quejó de un dolor de cabeza insoportable y, en segundos, perdió el conocimiento. El equipo tuvo que intubarlo de urgencia. La situación se volvió crítica y todo empezó a ocurrir demasiado rápido.

Trabajar en la UCI exige una formación técnica, médica y emocional constante de todos los profesionales de la salud porque ellos, más que nadie, conocen el significado de la fragilidad de la vida. Han de ser capaces de enfrentarse a situaciones de estrés extremo con rapidez y eficacia, como en ese momento, cuando la vida de Josep pendía de un hilo.

Al instante se le realizó un escáner o TAC urgente que reveló la peor noticia: la vena afectada por la malformación había colapsado, provocando una hemorragia masiva.

Observé que el médico responsable, visiblemente abatido, tomó el teléfono para llamar a la familia. Con apenas un susurro, les pidió que volvieran al hospital. La confusión de los familiares era palpable cuando llegaron.

—¿Cómo es posible? Si solo hace unos minutos estaba bromeando, ¡estaba bien!

En ese momento también la familia fue testigo de la extrema fragilidad de la vida y de cómo todo puede cambiar en un segundo, sin previo aviso. Lo que debía ser una Navidad tranquila y familiar se transformó en un recordatorio brutal de lo impredecible que es el destino.

Todos los profesionales de la salud que estaban allí —médicos, enfermeras, auxiliares, camilleros...— se encontraban emocionalmente rotos. Lo único que los consolaba era sentir que formaban parte de un equipo para seguir trabajando con las emociones contenidas.

Las pruebas médicas que le realizaron a Josep indicaron que su cerebro había claudicado: estaba muerto. Pero, a pesar del pronóstico, la vida se retiraba de forma paulatina: poco a poco, los órganos abandonaban la actividad y morían, el cuerpo cedía en su lucha y comprendía que había llegado a su fin.

Las enfermeras sabían lo esencial que era cuidar y respetar el cuerpo en esos momentos críticos, tratándolo con la misma delicadeza con la que cuidarían el suyo.

Me acerqué a la cama donde estaba Josep y, con un susurro, una enfermera veterana me dijo:

—Mírale los ojos.

Lo hice con cuidado, pero no vi nada fuera de lo común. Sin embargo, su comentario no fue nada casual.

—¿Qué ves? —le pregunté, curiosa—. ¿Qué sucede?

Ella me miró.

—Creo que algo le preocupa —me respondió con calma.

Con los años había aprendido a confiar en la intuición de personas como ella, que parecían tener una sensibilidad especial para captar lo que los demás no podíamos ver o percibir. Si a Josep le inquietaba algo, teníamos que averiguarlo y ayudarle, así que decidí hablar con su hermano, en busca de respuestas.

Le pregunté si había alguien importante en la vida de Josep que aún no supiera lo que estaba sucediendo, alguien que tal vez debería estar informado. Después de pensarlo durante un momento, me confesó que, aunque sus padres no lo sabían, Josep tenía pareja, un chico que estaba de viaje. Entonces le pregunté:

—¿Crees que Josep querría que esa persona supiera lo que ha pasado para que pueda venir y despedirse?

Su hermano asintió con firmeza. Su prioridad estaba clara, quería que Josep muriera en paz.

Regresé a la UCI con la mente llena de reflexiones que necesitaba ordenar. Pensé en lo que desearía yo si estuviera en una situación similar, y quizá querría que alguien me hablara con sinceridad, que me ayudara a entender lo que estaba ocurriendo. Me coloqué al lado de Josep con las manos sobre su pecho y, después de explicarle quién era yo, le dije con voz tranquila:

—Josep, las cosas no han salido como esperábamos. Tu cerebro ha sufrido una nueva hemorragia y, aunque los médicos han hecho todo lo posible, no has logrado superarla. Josep, has muerto. Pero quiero que sepas que tu familia te ama profundamente y te da permiso para seguir tu camino.

Hecho eso, le hablé de la conversación con su hermano:

—Sabemos que hay alguien muy especial para ti. Tu hermano le ha avisado, y vendrá pronto para despedirse.

Sentí que mi labor con Josep casi había concluido. Los médicos mantenían sus funciones vitales porque él había expresado su deseo de ser donante de órganos. Su cuerpo estaba esperando al equipo de extracción, que lo ayudaría a dar vida a otros en su último gesto de generosidad. Antes de irme a casa, me incliné sobre él, le di un beso en la frente y, con el corazón lleno de gratitud, le susurré:

—Buen viaje, Josep.

Por la tarde, ya en casa, cuando terminé de preparar la cena, decidí encender la chimenea para dar la bienvenida a los que llegarían helados por el frío de fuera. Entretenida con el fuego y la leña, de repente sentí una inquietud muy extraña en la boca del estómago que recorría mi cuerpo. A pesar de que estaba delante de la chimenea, de pronto noté que un frío gélido salía de mi interior. Era la primera vez que sentía algo parecido y no comprendía qué me estaba ocurriendo. Pensé: «¿A qué vienen este frío y este nerviosismo, si tienes la cena controlada?».

De pronto, Josep invadió mi mente, de una forma cada vez más intensa. Necesitaba verlo y estar a su lado. No entendía lo que sentía. ¿Cómo iba marcharme si, en una hora, llegaría toda la familia para la cena? Intenté distraerme, pero la preocupación crecía, más y más abrumadora a cada instante.

Decida, me puse el abrigo y le dije a mi marido:

—Vuelvo enseguida, necesito salir a comprar algo que me hace falta.

No le di tiempo a responder.

Mientras caminaba, me asaltó la idea de que, al llegar, quizá no podría verlo porque estarían en el proceso de extracción de órganos. Me preguntaba cómo podría estar a su lado si no estaba en la UCI. No tenía respuestas, pero sentía que debía ir, como si algo más grande me empujara hacia allí.

Al entrar en la UCI, me alivió ver que Josep seguía donde lo había dejado y que el equipo de trasplantes aún no había llegado. Las enfermeras me miraron con curiosidad mientras me acercaba a saludarlas. Preferí no explicarles el motivo de mi visita; sabía que no lo entenderían... Honestamente, ni yo misma lo comprendía.

Me acerqué a él y, al ponerle las manos sobre el pecho, sentí que la inquietud y el miedo que me invadían eran en realidad de Josep. Tenía la sensación de que estaba perdido, como un niño que busca su camino en un bosque desconocido. Era conmovedor y desgarrador al mismo tiempo.

Decidí dejar que hablara mi corazón en un diálogo sincero de alma a alma, como lo haría con un hijo.

—Josep, estoy aquí contigo —le dije—. Sé que tienes miedo, pero tu familia te ama tanto que te da permiso para que sigas el camino que necesites. Si cuando desconecten el respirador ves una luz o ya la estás viendo, confía en ella. Gracias por ser tan generoso; muchas personas recibirán tus órganos, y para ellos será el mejor regalo de Navidad.

Después de compartir esas palabras, sentí una paz profunda, como si mi cuerpo flotara. La inquietud se desvaneció, el frío se transformó en calor y el miedo desapareció. Con la mirada sorprendida de las enfermeras, le acaricié el rostro, le di un beso en la frente en nombre de su madre y empecé a caminar de regreso a casa.

Mientras avanzaba hacia el coche, me sorprendí mirándome los pies; era como si no sintiera el suelo bajo ellos. La sensación era alucinante y completamente nueva. Era como caminar sobre una suave espuma que aligeraba todo mi ser. Mi corazón latía con alegría, y me invadía una extraña felicidad.

Aquella noche disfruté de la mejor cena de Navidad de mi vida. La ligereza en mi cuerpo se mantuvo durante horas, y sentía un profundo agradecimiento hacia Josep por esa experiencia transformadora. Quizá, algún día, me ayude a encontrar el camino, si me siento perdida.

Reflexión. Dar malas noticias a alguien es una tarea complicada y delicada, en especial cuando se trata de temas tan sensibles como la muerte. Cada familia tiene unas dinámicas y particularidades que el profesional de la salud desconoce, por eso no es fácil encontrar la manera más adecuada de comunicar la gravedad de una situación y permitir que el dolor se exprese de forma genuina. Los profesionales necesitan gestionar sus propios miedos y la ansiedad que les genera el fallecimiento de un paciente.

Es importante recordar que no todos los pacientes mueren en la UCI. En cada rincón de un hospital hay profesionales de la salud que luchan a diario con todos los recursos a su disposición para preservar la vida. Pero ¿qué experiencias y emociones se esconden detrás de cada uno de ellos? Cada aspecto personal puede influir inconscientemente en su capacidad para estar presente y brindar apoyo a los demás.

Existen numerosos estudios que evalúan el impacto que tiene la muerte de un paciente en los profesionales de la salud. Los resultados son contundentes: un 95 por ciento de ellos experimentan frustración, estrés y ansiedad a consecuencia de estas experiencias.

Esto nos lleva a plantearnos algunas preguntas importantes: ¿la formación académica que reciben es suficiente para que puedan vivir satisfechos su vocación? ¿Es adecuado que estos futuros profesionales reciban solo contenidos académicos, sin abordar las deficiencias en la educación familiar sobre la muerte y el duelo? ¿Sería necesario implementar programas de alfabetización emocional que los ayudaran a comprender sus sentimientos y evitar que vivan su vocación como una carga? ¿Cómo debería ser ese tipo de formación?

El estudio sobre un curso diseñado para este colectivo reveló que fomentar la reflexión, la expresión emocional y espiritual, y ofrecer actividades de reparación personal de forma progresiva puede cambiar actitudes de rechazo e impotencia frente a la muerte. A medida que se incrementa la comprensión emocional del significado de la muerte, la ansiedad tiende a disminuir. Cuidar del bienestar emocional de los profesionales de la salud es básico para garantizar una

> atención de excelencia, especialmente cuando se trata de cuidar a pacientes en el final de su vida y apoyar a sus familiares.
>
> No hay errores, no hay coincidencias. Todos los eventos se nos han otorgado para aprender.
>
> ELISABETH KÜBLER-ROSS

Josep está a tu lado

Habían pasado nueve años desde la muerte de Josep. Me encontraba en un colegio para impartir un taller a los niños y las niñas sobre cómo cuidarnos durante las adversidades, la muerte y el duelo. Cuando acabé, me despedí del maestro, pero la psicopedagoga, que también había participado, insistió en acompañarme hasta la salida. Mientras llegábamos a la puerta, me preguntó con un hilo de voz y la mirada baja si conocía a alguien que se llamara Josep. Aquello me sorprendió. Le respondí que sí, que tenía familiares y un amigo con ese nombre, pero, como no se refería a ellos, insistió:

—¿No conoces a nadie más?

Al instante me vino el recuerdo de Josep, aunque durante unos segundos no supe si decirle quién era porque era difícil que lo hubiera conocido, pues vivía en Lleida.

No sabía lo que quería decirme, pero mi curiosidad innata me llevó a explicarle que tiempo atrás había conocido a otro Josep, un paciente del hospital. Observé que dudaba de si seguir hablando, pero no podía dejarme con la incertidumbre.

—¿Qué ocurre? —pregunté.

Disculpándose, sin saber cómo recibiría lo que me iba a contar, me dijo:

—No sé si te lo creerás, pero Josep está a tu lado y quiere que te diga que te acompaña allá donde vas.

Me quedé tan perpleja que no supe qué decir, pero me emocionó saber de él.

—¿Lo ves? —pregunté extrañada.

—Solo ha querido que sepas que está a tu lado —respondió con naturalidad.

Más relajada tras mi reacción, me contó que tenía ese don desde pequeña, pero que hubiera preferido no tenerlo. Le di las gracias por la confianza, la generosidad y la valentía por compartirlo, y me fui pensando en si Josep caminaba a mi lado o más atrás, o si estaba sentado en el asiento del copiloto. Desde entonces, cuando cojo el coche, le digo: «Josep, ayúdame, que no quiero perderme». Si está a mi lado o no es lo de menos, pero pensarlo me da seguridad. ¿Qué más puedo pedir?

Reflexión. Desde una perspectiva científica, las teorías sobre la muerte se multiplican a medida que surgen nuevos descubrimientos en campos como la neurología, la física cuántica y los estudios de la conciencia. Estas disciplinas sugieren la

> posible existencia de una dimensión más compleja que trasciende nuestra realidad física.
>
> Sin embargo, más allá de lo que se pueda esperar después del final de la vida, lo cierto es que hoy en día la muerte sigue viviéndose como una experiencia llena de temor hacia lo desconocido, desprovista de calidez y muy impersonal. Incluso evitamos llamarla por su nombre, como si fuera una traición a los avances tecnológicos que nos prometen prolongar indefinidamente la lucha por la vida, un sueño que, en muchos sentidos, se ha vuelto decadente.
>
> En nuestra sociedad posmoderna, globalizada y tecnológicamente avanzada, la muerte sigue siendo el mayor tabú, probablemente uno de los últimos que persisten.
>
> JORDI CASAS MARTÍ

Juana de Arco

Desde pequeña, siempre me ha fascinado la extraordinaria historia de Juana de Arco, nacida en el pueblo de Domrémy-la-Pucelle (Francia) en el año 1412 y que provenía de una familia de humildes campesinos. A los trece años, mientras se encontraba en el jardín de su casa, oyó unas voces que le decían que ella salvaría Orleans del asedio de los ingleses y que conduciría al rey a la coronación. Tal fue la fuerza que le insuflaron esas voces que no se detuvo hasta que la recibieron en la corte. Con solo diecisiete años, y en unos tiempos en que la figura de la mujer no tenía prácticamente peso social, fue capaz de ganarse la confianza de los dirigentes más importantes de Francia.

Esa es la historia que todos conocemos sobre ella, pero mi historia con Juana de Arco comenzó en 2010, un domingo por la tarde. Mientras estaba zapeando, di con una película que contaba su vida y decidí verla. En una escena, cuando le cortan el cabello antes de llevarla a la hoguera, me quedé asombrada al notar que su pelo era igual que el de Clàudia, nuestra hija pequeña. En ese momento no le di importancia, pensé que era solo una coincidencia.

Sin embargo, hacia el final de la película apareció un dato que me dejó helada: Juana de Arco murió el 30 de mayo de 1431. Y de pronto pensé: «¡Qué casualidad! Es el día que nació Clàudia, solo que con varios siglos de diferencia». La coincidencia me asombró más por lo peculiar que por otra cosa.

Al día siguiente, lunes, mientras estaba en el hospital haciendo las visitas de duelo programadas, recibí una llamada de recepción. Me dijeron que me habían dejado un obsequio, un regalo de una paciente. Cuando lo recogí, me encontré con una planta preciosa envuelta en un elegante papel dorado con la flor de lis impresa, el símbolo de los reyes de Francia, el mismo que Juana de Arco llevaba en su estandarte, por el que entregó su vida.

Reflexión. El sentido de tantas coincidencias es un misterio que muchas veces no podemos desentrañar. No tengo una respuesta, pero a veces las casualidades nos dejan con la sensación de que sucede algo más profundo, como si fueran señales que escapan a nuestra comprensión racional.

No puedo imaginar el dolor inmenso de los padres de Juana de Arco. No consta en las crónicas si fueron señalados por lo que le ocurrió a su hija, ni si pudieron despedirse de ella y recoger los restos de su cuerpo. El dolor y la impotencia de sus padres me hicieron recordar lo que vivió Teresa: tres meses después de la trágica muerte de su hijo a causa de un conductor en estado de embriaguez, mirando una fotografía suya, le pidió, casi con desesperación, un abrazo. En ese instante sintió un frío intenso en la cabeza y los brazos, como si alguien, quizá su hijo, estuviera detrás de ella. No era lo que esperaba, pero fue una experiencia tan real y sobrecogedora que jamás podrá olvidarla.

¿Quién puede decir con certeza qué son esas sensaciones? A veces, los hechos que más nos desconciertan, aunque parezcan insignificantes, parecen tener una extraña lógica, como si fueran pequeños hilos que nos conectan con algo más grande, algo que no alcanzamos a comprender.

Y ahora te pregunto: ¿has vivido alguna experiencia que te haya sorprendido, algo que haya retado tu forma de ver el mundo? Compartirlo ayuda a encontrar algo de claridad a lo inexplicable.

Aniversario familiar

Era el mes de agosto. Llevábamos unos días atareados organizando el decimoctavo cumpleaños de nuestra hija. Por la tarde teníamos previsto hacerle una fiesta sorpresa con toda la familia y los amigos, casi cuarenta personas, en un reducido apartamento de verano. Abuelos, tíos, primos, amigos... La mayoría venían de fuera, y aunque habíamos quedado a una hora determinada para darle la sorpresa, sabíamos que podían pasar muchas cosas.

Desde hacía un tiempo, Guillem, su primo de ocho años, estaba ensayando con mucha ilusión un espectáculo de magia, pero, dadas las reducidas dimensiones del piso, decidimos que haríamos la función en el jardín comunitario, y así podrían asistir los niños del vecindario. Todo estaba preparado: el espacio aprovechado al máximo, mesas y sillas para todos, los regalos escondidos, el catering y los amigos de Alba, que se la llevarían un rato para evitar que descubriera nada.

Amaneció un día muy soleado, sin una nube en el cielo, y ese pequeño detalle meteorológico nos dejó tranquilos para celebrar el espectáculo de magia. Por la mañana le dimos nuestros regalos. Alba, agradecida, no se imaginaba la que le esperaba. Mientras estaba preparando el almuerzo, mi marido salió al balcón.

—Se están acercando unas nubes muy negras —dijo—, esto no tiene buen pronóstico.

Salí para comprobar que no se tratara de una broma. ¡No! No podía creer lo que estaba viendo: un inmenso grupo de tupidas nubes oscuras, con la barriga llena de agua, se cernía sobre nosotros. Comimos en silencio, pensando en lo que podía ocurrir. Cuando acabamos, el cielo mostraba un pesado color negro. Empezaba a desvanecerse la posibilidad del espectáculo. No podía imaginarme a cuarenta personas, mayores y pequeños, en ese piso minúsculo durante horas y sin poder salir. Cada minuto que pasaba era peor. Empezó a llover, como una pequeña advertencia de lo que acabaría sucediendo. De repente, sin pensármelo, salí al balcón, miré al cielo y dije a quien creía que podía hacer más que nosotros:

—Por favor, necesito que no llueva, al menos hasta que Guillem acabe el número de magia.

Evidentemente, no compartí esa petición con nadie, pues la tomé como una súplica desesperada por querer evitar lo inevitable. Pero también estaba convencida de que se lo pedía a personas muy concretas y especiales a las que no podía ver ni abrazar, pero que sabía que estaban muy cerca y que quizá no querrían perderse la fiesta.

A la hora convenida, empezó a llegar todo el mundo, mirando a ese cielo amenazante que podía descargar en cualquier momento.

Era como si nos estuviera diciendo: «Cuando empiece a llover, no pararé en horas». Contra todo pronóstico, las nubes aguantaron ese montón de agua, y Guillem consiguió hacer el número de magia. En cuanto acabó, empezó a caer agua a mares. Llegamos a casa corriendo, y todo el mundo coincidió en decir algo que me dio en qué pensar: «¡Qué casualidad y qué suerte hemos tenido! Si llegamos a hacerlo diez minutos después, la lluvia nos hubiera obligado a suspenderlo».

Me dije, emocionada, que tal vez no había sido casualidad. Nunca lo sabremos, pero sentí que necesitaba salir al balcón.

—Mil gracias por todo —dije mirando al cielo.

Reflexión. El diccionario de la Real Academia Española define «casualidad» como «Combinación de circunstancias que no se pueden prever ni evitar». Usamos esta palabra cada vez que algo nos sorprende y no encontramos una explicación lógica.

Sin embargo, el matemático estadounidense Joseph Mazur (Bronx, 1942) argumenta que las coincidencias inesperadas no existen. Según él, todas pueden explicarse mediante un algoritmo simple. En su libro titulado *Fluke*, comparte un curioso ejemplo: en 1929, la escritora Anne Parrish (1888-1957), durante un paseo por París, compró en una librería de segunda mano uno de sus libros favoritos de la infancia. Lo que no sabía cuando lo adquirió era que ese mismo ejemplar había sido suyo. Su sorpresa fue mayúscula al descubrir su nombre y dirección escritos en una de las páginas. Aunque parecía una coincidencia extraordinaria, Mazur señala que había una posibilidad entre 3.331 de que Parrish recomprara su propio libro aquel día.

A pesar de los cálculos matemáticos, hay quienes ven en estas coincidencias algo más profundo. El físico Albert Einstein (1879-1955), uno de los grandes genios del siglo xx, lo resumió de manera poética al decir: «La coincidencia es la forma que tiene Dios de permanecer anónimo».

El mensaje del mosén

Era pleno verano, y volvíamos en coche después de pasar un día con mi familia en un pueblo de Francia. La música que sonaba en la radio era agradable. Me encontraba abstraída con cada detalle que observaba desde la ventanilla del coche y al mismo tiempo tomaba conciencia de que cada instante era especial y que nunca volvería a repetirse del mismo modo. Pensaba en que cada día es único e irrepetible, y así navegaba en ese delicioso batiburrillo de música y filosofía.

En aquel momento recibí la llamada de un compañero de teatro, nuestra afición familiar desde hacía muchos años. Al oír su voz, me di cuenta de que no era para saber cómo había ido el comienzo de las vacaciones.

—¿Qué ha ocurrido? —le pregunté.

—Lamento deciros que Lolita ha muerto de una forma inesperada —respondió con voz vacilante.

Al oír la noticia, mi marido apagó la radio y nos quedamos unos minutos en silencio durante los cuales cada uno navegó por sus pensamientos y recuerdos de su mundo compartido con Lolita.

La muerte siempre nos coge por sorpresa, incluso cuando, de alguna forma, algo nos indica que quizá esté cerca. En el caso de Lolita, nada hacía pensar en la proximidad del final de su vida, ya que se encontraba disfrutando de una semana de vacaciones. Aquella noche se había divertido como más le gustaba, bailando, y murió junto a su marido poco después de llegar a la habitación del hotel.

Aunque parezca que carece de importancia, nos consoló saber que se fue sin dolor, disfrutando de la vida hasta el último momento. Era alegre, divertida, generosa y sencilla, un ejemplo de tolerancia, y sabía crear un clima agradable a su alrededor. Aquella Navidad había interpretado el papel de abuela en una obra de teatro, y en aquellos momentos nadie, ni ella misma, podía imaginar que sería la última vez que oiríamos su dulce voz sobre el escenario.

La muerte de Lolita detuvo nuestro mundo mágico. Nos hizo tomar conciencia de la fragilidad de la vida y, al mismo tiempo, de la grandeza de cada instante. Estábamos anímicamente consternados, recorriendo en silencio el resto del camino, hasta que Clàudia, que entonces tenía ocho años, dijo, resuelta, que quería ir al funeral para decirle adiós.

—Claro que sí, Clàudia, nosotros también queremos despedirnos de Lolita en el último viaje de su vida —respondimos.

El entorno del tanatorio era un espacio acogedor. Me gustó saber que el cuerpo de Lolita descansaría en ese lugar lleno de color, árboles y el canto de los pájaros. Pensé que ella, con su sencillez, nos hubiera dicho lo mismo. Al llegar, dimos un abrazo a la familia y le preguntamos a Clàudia si la quería ver y despedirse de ella.

—¡Claro que quiero! —respondió.

Cuando Clàudia observó el cuerpo de Lolita, nos dijo:

—Papás, está como el abuelo, muy tranquila, como si durmiera.

«Cierto», pensé. Las facciones de Lolita transmitían mucha paz.

Clàudia era la única niña en el tanatorio. Para ella, acompañar a las personas que ama hasta el último momento es la forma de mostrarles respeto y gratitud, una extraordinaria lección de vida y amor al otro, una manera única de vivir con naturalidad el ciclo de vida y muerte, aprendiendo a dar valor al tiempo del que disponemos en la Tierra.

Acompañar a una persona amada más allá de la vida nos ayuda a entender la trascendencia que tiene el dolor que sentimos. La ceremonia de despedida nos permite hacerlo junto a otras personas que sienten lo mismo, lo que favorece la sensación de pertenencia y la compañía del dolor colectivo.

Un mosén de edad avanzada comenzó la celebración del funeral. Entonces pensé: «Será un velatorio como todos». Muchas veces me he planteado: «Si todos somos distintos, ¿cómo puede ser que, cuando morimos, nos digan adiós con las mismas palabras y la misma liturgia?».

Pensé que Lolita era demasiado especial como para tener un funeral soporífero y aburrido en el que se hablara de todo y de todos menos de ella. Los demás también esperaban esa ceremonia impersonal y repetitiva, pero nada más lejos de lo que ocurrió. Para nuestra sorpresa, el mosén dirigió sus palabras al féretro en el que se encontraba el cuerpo de Lolita. Miré de reojo a los asistentes y vi que estaban tan alucinados como yo. Habló de ella y con ella, ¡como si estuviera allí! Le dedicó una ceremonia pausada y sin prisas, como si fueran dos amigos que se cuentan la vida, y daba la sensación de que Lolita también lo estuviera escuchando.

Fue nombrando todas sus buenas acciones y la felicitó por lo que había dejado en nosotros. Cada palabra que decía resonaba con fuerza entre los presentes, convirtiendo a Lolita en la única protagonista de su vida. Los demás éramos simples espectadores embelesados en el patio de butacas, observando aquella maravilla. Consideré que lo que estaba viviendo era algo muy especial y gratificante, absolutamente opuesto a otros funerales. A la salida, los asistentes comentaban: «¡Qué exequias más emotivas!», que era lo mismo que decir: «No me importaría que mi funeral fuera como este».

Teníamos un largo camino de vuelta a casa, pero antes quise transmitir a los responsables del tanatorio que nos había gustado mucho la ceremonia. Me dirigí a la recepción, y la administrativa me dijo que fuese a la sacristía, ya que estaba convencida de que al mosén le gustaría saber que sus palabras habían sido importantes para nosotros. En realidad no tenía pensado hablar con él, pero me acerqué con Clàudia de la mano y, con prudencia, llamé a la puerta de su despacho. Abrió y me recibió con una mirada cálida, y así fue nuestra conversación:

—Buenos días, vengo a decirle en nombre de todos los presentes que nos ha gustado mucho la celebración, lo que ha dicho de Lolita y, sobre todo, cómo lo ha dicho —le comenté.

—Gracias, me gusta hacerlo así —respondió. Entonces cambió la actitud distendida por una mucho más solemne y me preguntó—: Usted sabía que hoy nos teníamos que conocer, ¿verdad?

—Ah, ¿sí? —dije confundida.

—Pues sí —respondió decidido. Y añadió—: La felicito

por traer a su hija al funeral. No es frecuente que los padres dejen venir a los niños, y es una lástima, porque se hacen mayores sin saber lo importante que es este momento, sin descubrir el significado de la despedida y, con los años, les provoca problemas emocionales.

Escuché con atención cada una de las palabras que decía y recibí su mensaje como un regalo inesperado mientras Clàudia nos observaba a los dos con atención. Me pidió que le explicara en qué consistía mi trabajo y luego comentó:

—Mire, ya que una parte de su trabajo lo hace en un hospital, le pediré que me prometa algo.

—Claro que sí —respondí.

—Cuando alguien que haya estado muy cerca de la muerte le explique lo que ha vivido, debe creérselo —dijo el mosén—. Verá, hace un año estuve a punto de morir por un infarto masivo en el corazón. Intentaron reanimarme, pero no respondía. De repente, sentí que abandonaba mi cuerpo. Me encontraba suspendido en el aire, me sentía a gusto y en paz. Veía y oía claramente lo que decían los médicos y las enfermeras, los nervios que pasaban y cómo, desesperados, corrían arriba y abajo. Yo quería decirles que estuvieran tranquilos, que estaba bien, que no me dolía nada, pero ellos no me veían ni me oían, era como estar viendo una película. Entonces uno de los médicos salió del box para informar a mi familia y decidí acompañarle. Me encontraba a su lado escuchando lo que les decía, lo que ellos respondían y observando lo que hacían después de recibir las malas noticias.

»Sin saber cómo, de repente perdí aquella paz y volví a mi cuerpo. Sin darme cuenta, habían pasado muchos días antes de despertar del estado de coma, pero, cuando lo hice, les conté a todos lo que había vivido y cómo lo había vivido.

»A partir de ese día —continuó—, cuando oficio un funeral, hablo siempre con la persona que ha muerto, pues sé que se encuentra en pleno proceso de viaje. Quizá esté asistiendo a su propio velatorio y oiga lo que decimos de ella. Le pido, por favor, que lo comparta, pues desde las altas jerarquías eclesiásticas me aconsejaron que no lo hiciera.

En ese instante el mosén se convirtió en alguien especial para mí, y le dije que, si por algún motivo moría antes que él, me gustaría que oficiara mi funeral.

—Mosén, muchas gracias por el regalo, un inesperado mensaje que ha hecho que este día sea mágico.

Reflexión. La experiencia cercana a la muerte que vivió el mosén no es un caso aislado, es solo uno entre miles de testimonios recogidos por científicos de todo el mundo. Uno de los más destacados es el doctor Pim van Lommel, un cardiólogo holandés con más de tres décadas de experiencia conocido en el mundo por sus rigurosos estudios sobre las ECM y la conciencia. Durante ocho años, Van Lommel investigó en hospitales de los Países Bajos el impacto que estas experiencias tenían en los que las vivían, descubriendo cómo después su vida se transformaba. Su meticuloso trabajo lo llevó a publicar un artículo, en la prestigiosa revista *The Lancet*, en el que llegó a una conclusión sorprendente: la conciencia no está limitada al cerebro.

> Por su parte, la doctora Luján Comas, a la cual me he referido en el primer capítulo, afirma que las personas que pasan por estas vivencias no solo son conscientes de quiénes son y de dónde están, sino que también pueden percibir lo que ocurre a su alrededor, incluso mientras están en coma.
>
> Al igual que el mosén, los que viven estas experiencias pueden pensar, deducir lo que está sucediendo y recordar lo que ven y escuchan, incluso detalles sobre las personas que los reanimaron, a pesar de no haberlas visto antes. Muchos de ellos despiertan del coma con recuerdos claros de conversaciones y actividades que tuvieron lugar en la sala de operaciones, información que no podían haber conocido en su estado inconsciente.

Carmen

Conocí a Carmen y su familia a causa de su enfermedad. A lo largo de un año, compartió conmigo un montón de pensamientos, inquietudes e ilusiones. Durante meses, vivimos momentos muy especiales: charlas, reflexiones, aprendizajes y muestras impagables de complicidad y cariño.

Tras numerosos tratamientos de quimioterapia y radioterapia, e infinidad de pruebas, se encontraba muy cansada. Sus ojos habían perdido el brillo del principio, su piel resquebrajada apenas absorbía la crema hidratante y, aunque no quería dejar el tratamiento, sabía que no le quedaban muchas energías.

Su hija mayor acababa de darle la noticia de que estaba embarazada, y Carmen lloró de emoción porque ya se sentía abuela. Cada semana, la luz de su vida estaba más apagada: apenas podía moverse ni hablar o abrir los ojos, y su hermano, que vivía en el extranjero, fue a verla en varias ocasiones para transmitirle su cariño. Ella lo esperaba con ilusión porque siempre habían estado muy unidos.

La noche de un viernes la visité en su habitación; al día siguiente no me tocaba trabajar, y tenía la sensación de que Carmen no aguantaría demasiado con ese hilo de vida. Su marido, Juan, preocupado y triste, se encontraba a su lado; poco antes le habían iniciado la sedación para evitarle un sufrimiento innecesario. Carmen estaba adormilada, y él me preguntó si creía que debía llamar a su hermano y si pensaba que llegaría a tiempo de verla con vida.

—No lo sé, Juan —le respondí—, pero dudo que Carmen muera sin percibir que su hermano está a su lado. Para ella ha sido y es muy importante en su vida, y es muy probable que Carmen te dijera: «Llámalo».

La noche del sábado tuve un sueño indescriptible, extraordinariamente real y lleno de color. En él aparecía una mujer preciosa, con los ojos azules como el mar y un cabello rubio, largo y brillante. Se acercó a un palmo de mí y, muy sonriente, me dijo: «¡Xusa!». Al instante, desapareció. Me desperté sobresaltada y sorprendida porque reconocí la voz de Carmen. Si no hubiera sido por su voz, no habría sabido que era ella, ya que la persona del sueño nada tenía que ver con la mujer que había conocido, de piel pálida, con pañuelos en la cabeza por la falta de cabello y ni una pizca de maquillaje.

Antes de volver a quedarme dormida, miré la hora en el despertador: las cuatro de la madrugada.

A primera hora de la mañana recibí un mensaje de la hija mayor de Carmen: me informaba de que había muerto esa noche, a las cuatro en punto de la madrugada. No podía creer que fuera posible tanta coincidencia. Carmen, a través de un sueño, se despidió de mí en el final de su vida, haciéndome el regalo más mágico del mundo: mostrarme, con el sentido del humor que la caracterizaba, un hilo de luz del secreto mejor guardado.

Acompañar a alguien en su camino final de vida es un privilegio: se viven momentos extraordinarios de complicidad y cariño. En mi caso, cuando esa persona muere, siento la necesidad de despedirme, y así lo hice. La sorpresa me la llevé cuando, al entrar en la habitación para despedirme de su cuerpo, vi que había una gran fotografía de Carmen en la que estaba tal y como había aparecido en mi sueño, con los ojos azules como el mar y un cabello rubio, largo y brillante. Aunque la mujer que conocí tenía un alma preciosa, jamás me hubiera imaginado que, físicamente, pudiera ser tan bella.

Reflexión. Los sueños en los que aparecen personas fallecidas son experiencias que, para muchos, van más allá de lo onírico y llegan a tocar una dimensión muy espiritual o emocional. Suelen vivirse con una sensación de realidad tan intensa que, al despertar, es difícil no pensar que se ha tenido un verdadero encuentro con ese ser querido que ya no está. En ocasiones, no solo traen consuelo, sino que parecen contener mensajes, advertencias o una guía para los que los experimentan.

A lo largo de la historia, y en diversas culturas, los sueños con personas fallecidas se han interpretado como algo más que simples manifestaciones del subconsciente. Para algunos representan la forma en que el alma de los que ya no están se comunica con nosotros, ya sea para transmitirnos paz, resolver asuntos pendientes o darnos una señal de que todo está bien en su nuevo estado. Estos encuentros oníricos suelen estar cargados de simbolismo, con detalles que parecen especialmente significativos: la forma en la que se aparece esa persona, las palabras que utiliza o los lugares en los que se sitúa el sueño.

En numerosas ocasiones, se describen como experiencias tranquilas y reconfortantes. Es común que quienes han perdido a un ser querido sueñen con esa persona sonriente, en paz, incluso que les den mensajes que parecen tener un propósito claro. «Estoy bien», «No te preocupes» o «Te amo» son algunas de las frases que suelen aparecer en esos sueños, y dejan a quienes los viven con un sentimiento de alivio y una conexión profunda con lo espiritual.

Ya se interpreten desde un punto de vista psicológico o místico, los sueños con seres queridos fallecidos son experiencias profundas y cargadas de significado. Nos recuerdan que el vínculo con aquellos a quienes amamos no se rompe con la muerte y que, de alguna forma, seguimos conectados, incluso en los misteriosos caminos oníricos.

Estoy convencida de que Carmen nos diría que mi sueño fue un guiño a la vida. Carmen, gracias por despedirte de mí.

3

Espacio para el alma

¿Elegimos el momento de morir?

Mi padre padeció diversos problemas de salud durante toda su vida. De niño estuvo dos años ingresado en un hospital infantil, y los recuerdos que tenía de esa época estaban relacionados con el miedo que pasó allí, las dolorosas pruebas que le realizaron y el maltrato que recibía cuando, por ejemplo, se hacía pipí en la cama: lo castigaban durmiendo al raso, aunque fuera invierno.

Los niños ingresados no podían bajarse de la cama de barandillas, así que, tumbados o sentados en ellas, se agarraban a lo que encontraban para desplazarse por las salas. Cada día faltaba alguno, y fueron pocos los que sobrevivieron en aquellas condiciones en plena posguerra. Los que quedaron, incluido él, terminaron afectados emocionalmente y tuvieron que convivir con esos recuerdos y vivencias dolorosas el resto de su vida.

Si tuviera que decir cómo era mi padre, diría que fue un buen hijo, un marido enamorado y un padre justo y amoroso.

Más exigente consigo mismo que con los demás, responsable, sensible y confiado, respetado y amado por la generosidad con la que trataba a todos. La música fue su pasión, lo que más le ayudaba a relajarse en los momentos difíciles. Cuando se casó con mi madre, su ilusión era tener una familia numerosa, ya que él creció siendo hijo único. Sus cinco hijos y su esposa se convirtieron en lo que daba sentido a su vida, y todo lo que hacía era por y para nosotros.

Los recuerdos de la infancia acaban determinando la vida de una persona. A diferencia de nuestro padre, los míos son muy buenos, pero hay uno en especial que me enternece. Era una fría tarde de invierno —tenía entonces unos cuatro años—, cuando un resfriado con fiebre me mantuvo durante unos días enferma y aburrida en la cama. De pronto oí la llave que giraba en la cerradura de la puerta de la entrada. ¡Era papá! Volvía del trabajo y, después de preguntarle a mamá cómo había ido el día, entró en mi habitación, donde lo esperaba impaciente. Se sentó en la cama y me dijo:

—Te he traído algo que te gustará mucho y te ayudará a curarte.

Entonces se metió la mano en el bolsillo del abrigo, sacó un pequeño y colorido paquete y me lo dio. Lo abrí con cuidado y ante mis ojos apareció una chocolatina de color blanco. Jamás había visto chocolate de aquel color, pero aquella tarde, y gracias a la fiebre, la descubrí. Se grabaron en mi memoria su olor y sabor dulzón. Tenía la suerte de contar con unos padres que no dejaban de sorprenderme. En la actualidad, aquella chocolatina sigue teniendo un gran significado para mí.

Cincuenta años después de aquel descubrimiento, papá ya había cumplido los setenta y cuatro. Hacía unas semanas lo habían intervenido de cáncer en la mucosa de la boca. La operación había sido un éxito y se estaba recuperando sin demasiados problemas, pero las sesiones de radioterapia le inflamaron las mucosas, así que los médicos le recomendaron cancelar el resto de las sesiones.

El dolor era tan intenso que gritaba al beber un vaso de agua, y no había calmante que consiguiera mitigarlo. Nos sentíamos impotentes, no sabíamos cómo ayudarlo.

Se hallaba en una situación muy delicada, su vida había cambiado de forma radical: no salía de casa, no sonreía ni tenía energía para visitar a ningún hijo. Ya no podía darse aquellos paseos que tanto le gustaban ni acompañar a mamá a la compra. Pero lo que más le preocupaba era darse cuenta de que, en poco tiempo, había perdido la ilusión y prácticamente carecía de momentos de felicidad.

Su cuerpo se había deteriorado hasta tal punto que ni siquiera tenía fuerzas para ir al baño. Se sentía tan cansado que no podía soportar los ladridos de las perritas, y a eso se le añadieron dos fracturas vertebrales por agacharse para ponerse los zapatos. Su cuerpo le pesaba, estaba cansado. Cada día se acercaba más a un estado de claudicación, ya que su vida se apagaba como una vela.

Era doloroso ver cómo envejecía con rapidez, pero no podíamos hacer más que adaptarnos a su situación, aprender a escucharle, hacerle compañía y ponernos a su disposición. Día a día, sus energías se estaban agotando.

—¡Es una mierda vivir así! —decía enfadado.

Días después una hemorragia digestiva recomendó su ingreso. Aquella noche me quedé con él. Pasaban las horas y contemplábamos las estrellas.

—Papá, ¿quieres que te cuente un cuento? —le dije.

—Sí —respondió.

Se volvió hacia mí y le leí la leyenda de Kevin y su hermano árbol. Dudo que le interesara mucho, pero cerró los ojos y se tranquilizó.

Sentí una vez más la complicidad entre nosotros: esa vez era él quien estaba enfermo, y yo a su lado, aunque sin una chocolatina que pudiera alegrarle, solo un cuento. La noche fue larga, pero, lejos de ser desagradable por el proceso de limpieza de la sangre intestinal, me permitió expresarle mi amor y agradecimiento, limpiándolo como si aquella pudiera ser la última vez que lo hiciera, como si aseara lo más valioso del mundo. Una vez más, me di cuenta de que lo que hacemos con amor nos es generosamente devuelto, y le agradecí a mamá y al resto de la familia que me permitieran pasar aquella noche con él.

Los médicos no encontraron nada relevante que justificara su estado, así que, tras realizarle varias pruebas, creyeron que podía irse a casa. Sin embargo, cada vez estaba más débil, tanto que no podía hablar por teléfono. Sus ojos habían perdido el brillo y necesitaba ayuda constante. Su vida se apagaba como una pequeña luz que ya no es alimentada, y así pasó un mes, hasta que la hemorragia apareció de nuevo e hizo necesario un nuevo ingreso. Hay imágenes que solo vemos por la televisión, pero nosotros vimos en persona hasta qué punto podía apagarse y claudicar un ser vivo.

Esa noche, mamá se quedó con él. Era martes y, a pesar de que era muy temprano, antes de empezar mi turno decidí ir a ver cómo habían descansado. Cuando él me vio entrar, estaba desesperado, los ojos se le salían de las órbitas.

—Xusa, socorro, me estoy muriendo —balbuceó—. ¡Quítame el parche de morfina, que tengo náuseas y no puedo respirar!

No entendía qué estaba ocurriendo. Mamá me comentó que había pasado muy mala noche, que había gritado de dolor y que un enfermero lo había regañado.

—Pero ¿qué le ha dicho? —pregunté a mi madre.

—«¡A ver si piensa más en los otros pacientes, que están durmiendo!» —contestó mi madre.

No me lo podía creer. ¿Cómo puede un enfermero tratar de esa forma a una persona que se está muriendo? Incluso un niño se habría dado cuenta y, sin duda, habría actuado mucho mejor.

Disgustada, salí de la habitación para preguntarle al enfermero qué había ocurrido. Él defendió su postura, aunque sabía que había dispensado al paciente un trato incorrecto y deshumanizado. En realidad, no era un profesional adecuado para el puesto que ocupaba, pero no tenía tiempo que perder. Pensé: «De este enfermero caritativo me ocuparé más tarde, para que en un futuro no perturbe a otro enfermo indefenso».

Avisamos al médico de guardia, que comprobó que las analíticas indicaban que estaba ocurriendo algo serio, y descubrieron una grave hemorragia en la pared de su intestino grueso. Al entrar de nuevo en la habitación, papá me preguntó qué habían dicho los médicos. Aunque estaba colapsada por el impacto de la noticia, sabía que, a cualquier edad, cuando alguien pregunta es porque quiere que le cuenten la verdad. Me miró a los ojos. A pesar de que nunca habíamos vivido una situación similar, sabía que jamás le mentiría. En casa nunca habíamos jugado al juego del engaño ni la sobreprotección: nos enseñaron que las adversidades hay que vivirlas, aprender de ellas y avanzar.

Papá tenía derecho a saber lo que le pasaba, si era lo que él quería, así que le expliqué lo que le habían encontrado.

—Xusa, ¿qué me tendrán que hacer ahora? —preguntó sin titubear.

—Papá, me han dicho que lo más probable es que te hagan un tratamiento conservador para que no te duela... No aguantarías la intervención.

Él asintió; sabía que tenía razón.

No hicieron falta más palabras entre nosotros. Sentada a su lado, me sentía como una niña pequeña. Recosté la cabeza en su brazo izquierdo, lloré... Fueron unos momentos únicos de complicidad y paz. Él estaba preparado para lo que estaba sucediendo y lo que iba a suceder. Sabía cómo me sentía y, como si quisiera calmarme, me habló de cuando los cinco hermanos éramos pequeños y de lo que sentían ellos como padres. Me encantó escucharlo, deseé que aquellos instantes no se terminaran y cerré los ojos para intentar grabarlo todo en mi corazón.

Los dos en silencio, sabiendo y aceptándolo todo.

La hemorragia era importante. El médico, amigo de la familia, entró en la habitación con gran tristeza y, con lágrimas en los ojos, le dijo:

—Valentí, lo que tienes solo lo podemos arreglar en el quirófano, y es una intervención compleja.

Él aceptó la solución sin vacilar. Lo miró emocionado y con una paz indescriptible.

—No te preocupes, Juan —dijo—. Haz lo que tengas que hacer. Sé que estoy en las mejores manos.

Mientras firmaba el consentimiento informado, levantó la mirada y me envió un claro mensaje: «Esto se acaba, Xusa, pero estoy tranquilo».

El proceso de preparación fue muy rápido: análisis, disponibilidad del quirófano y llamadas telefónicas a mis hermanos. Aquella caótica situación nos ayudó a darnos cuenta de la gravedad del momento. Antes de entrar en el quirófano, nos confesó a los hijos que estábamos allí:

—No tengo miedo a morir, solo me da pena no poder seguir disfrutando de vosotros como hasta ahora.

Tras decir estas palabras, pidió el móvil y se despidió con ternura de los hijos que no habían podido llegar. Sabíamos que era un hombre sabio de la vida, pero desconocíamos hasta qué punto acabaría transmitiendo a los demás una inmensa paz y serenidad.

Dentro del quirófano, los médicos y las enfermeras hicieron sencillo lo que realmente era complicado: evitarle el sufrimiento. Cuando los calmantes empezaron a entrar en su cuerpo, su rostro expresó una gran placidez.

—¡Ahora no me duele nada! —dijo.

Sus palabras me hicieron tanta ilusión que le pedí que las repitiera una y otra vez. Creo que pocas veces había escuchado esa frase de su boca...

—¡Ahora no me duele nada!

Era indescriptible e inimaginable el valor que tenía después de verlo sufrir tanto.

—¡Ahora no me duele nada! ¡Ahora no me duele nada! —exclamaba con los ojos cerrados, disfrutando de aquella sensación.

Antes de quedarse dormido por la anestesia, dijo:

—Xusa, fuiste mi primera hija. Cuando naciste, no estuve a tu lado. Lo lamento, pero vine de Madrid lo antes posible.

No era la primera vez que me hacía ese comentario.

—Papá, estabas trabajando, y en ese momento no me hacías mucha falta —dije con ternura, gratitud y respeto—. El esfuerzo lo hice con mamá. Cuando te he necesitado, siempre has estado a mi lado.

A continuación cerró los ojos y esbozó una sonrisita, para indicar que estaba de acuerdo.

Era tanta su generosidad, sencillez y humildad que incluso a las puertas de la muerte me pedía disculpas. En vida lo dio todo, nada era suyo, y ni siquiera quiso justificar la falta de su abrazo el día que nací, a las seis en punto de la mañana, por motivos de trabajo.

Mientras observaba cómo los médicos y las enfermeras lo preparaban todo a un ritmo frenético, hablamos más con la complicidad de las esencias que con palabras. Fueron instantes tan intensos que no paraba de besarle y llorar.

—Estoy preparado para morir —seguía diciendo él—. Sé que lloraréis un tiempo, pero seguid juntos como hasta ahora y todo se calmará. Cuidad de mamá.

De repente recordé lo que nos decía y nos hacía cuando éramos pequeños, así que me acerqué a su oído y le susurré:

—Papá, ¿recuerdas el... coi, coi, coi?

Entonces sonrió plácidamente.

—Os lo hacía de pequeños antes de que os fuerais a dormir: con dos dedos, os cogía la punta de la nariz y le daba vueltecitas.

De la misma forma, le cogí la nariz con dos dedos y empezamos a decir: «Coi, coi, coi». En pocos segundos, se quedó dormido por la anestesia.

Los compañeros del quirófano estaban tan consternados y abatidos que ni hablaban entre ellos. Sabían, igual que yo, que quizá aquellas fueran sus últimas palabras. Tenía el corazón roto, necesitaba salir de allí y dejar que los sanitarios trabajaran tranquilos.

Contra todo pronóstico, superó la intervención. Intubado, lo trasladaron a la UCI con un problema respiratorio cuya gravedad no estaba determinada, pero no era capaz de mantener buenos niveles de saturación. Para evitar que despertara e intentara luchar con el respirador, fue necesario sedarlo de forma profunda, por lo que su grado de conciencia era completamente nulo.

Nosotros, mamá e hijos, nos tambaleábamos entre la esperanza y la incertidumbre, pero no queríamos que sufriera. Lo acariciábamos, le decíamos palabras dulces y todo lo que nos salía del corazón. Conectado al respirador, su rostro no hacía ningún gesto, hasta que uno de mis hermanos se acercó a su oído y, dando vueltecitas a su nariz, le dijo:

—Coi, coi, coi.

Aunque estaba en un coma inducido, al oírlo abrió un poco los ojos, como diciendo «¡Pero si todavía estoy aquí!», y los cerró de nuevo. Aquel gesto nos pareció importante: indicaba que papá no sufría y que sabía que estábamos a su lado.

Veinte días después, continuaba en coma profundo. Era como si nos estuviera dando tiempo para entender lo que acabaría pasando. Entre otras complicaciones, presentó varias neumonías bacterianas que obligaron a aislarlo, y estaba tan hinchado por la retención de líquidos que triplicaba lo que había sido su cuerpo. Era inviable que su energía revirtiera aquella situación, y conocíamos su deseo e inquietud: no quería quedarse encarcelado, dependiente y postrado en una cama.

Con mamá, buscamos el testamento vital de nuestro padre, un documento en el que constaba en qué condiciones no querría vivir y que había firmado ante un notario. Se lo mostramos a su médico, pero su actitud constató que no estaba preparado para tanta madurez emocional. Quería seguir luchando como un jinete del Apocalipsis y no aceptaba lo que era obvio incluso para un niño.

Entonces le pregunté:

—¿Qué órgano le tiene que fallar para que aceptes su final de vida y lo dejes tranquilo?

—El corazón o los riñones —respondió.

Con lágrimas en los ojos y el corazón en un puño, todos y cada uno de nosotros susurramos a su oído que estábamos preparados para su viaje, que, si quería morir, tenía que fallarle el corazón o los riñones, y que le dábamos permiso para abandonar un cuerpo tan amado como cansado. Papá recibió el mensaje. Aquella misma tarde, su corazón empezó a latir de forma irregular. Como es lógico, las enfermeras avisaron a la médica de guardia y esta, que desconocía su historia, me pidió el consentimiento para pasarle tres bolsas de sangre.

—Pero ¿no has hablado con el médico de la mañana? —quise saber.

No recuerdo si respondió, pero la prioridad familiar era evitar que alargaran su agonía. Deseábamos que aceptaran su derecho a morir y disfrutar de un merecido descanso.

—¿Por qué quieres transfundirle tres bolsas de sangre? —insistí—. Mi padre morirá, ya no puede aprovecharlas. Quien donó sangre lo hizo con la confianza de que se empleara bien, y él se está muriendo —afirmé.

Me sentía cansada, enojada y triste. Le expliqué a la médica nuestra posición y el deseo de nuestro padre. Me di cuenta de que ella tampoco estaba preparada para aceptar su muerte, necesitaba seguir luchando. Pero la necesidad del enfermo, ¿quién la tiene en cuenta?

En otras circunstancias, habría agradecido inmensamente su lucha, pero no en ese momento. Sin darse cuenta, se había convertido en un obstáculo en el camino final de mi padre.

Entonces intenté pensar en lo que él hubiera dicho: «Déjala. Si así se siente mejor...». Al final firmé el consentimiento para la transfusión de sangre porque pensé que, si no lo permitía, ella pensaría que había muerto por eso y no habría comprendido un aprendizaje que le podía servir para su futuro profesional y, quién sabe, también personal. Fue la última lección de un hombre generoso, sencillo y respetuoso con todos.

Cuando un profesional de la salud experimenta la muerte de un paciente como un fracaso, le embarga un profundo malestar emocional. Esa angustia, aunque inconsciente, puede llevarle a justificar el uso de intervenciones terapéuticas excesivas con el fin de prolongar la vida y retrasar lo inevitable: la muerte. Si bien la transfusión de sangre ha salvado incontables vidas, en determinadas circunstancias —al no aceptar el final natural de la vida— puede, en lugar de aliviar, prolongar el sufrimiento del paciente. Esta situación se conoce como «distanasia». Por suerte, muchos son conscientes de la importancia de manejar este recurso limitado con ética y sensibilidad, priorizando siempre la calidad de vida del paciente por encima de la mera extensión de esta.

Aquella misma noche llamaron a casa para comunicarnos que la transfusión no había tenido el efecto deseado: mi padre había empeorado. Me sentí bloqueada, y lloraba impotente delante del armario de la habitación, sin saber qué ropa ponerme el día en que nuestro padre moriría.

Llegué a la UCI e intenté analizar la situación: el corazón le latía muy despacio, la tensión arterial sistólica no llegaba a cinco y todo indicaba que casi no le quedaba tiempo. Estaba sola con él; mis hermanos y mamá venían de camino. Aproveché para explicarle al oído cuál era su situación, aunque él la conocía mejor que nadie.

La traqueotomía que le habían hecho días antes me permitió acercarme a su cara y besarlo. Sentí unas ganas locas de darle piquillos; seguramente, no habría muchos más. Me invadió una gran solemnidad cuando nuestros labios se tocaron por última vez. Le pedí que aguantara un poco, que esperara a que todos estuviéramos a su lado. Me escuchó, y me emocioné al observar que la tensión arterial le subió a siete al instante. Hasta el último momento nos seguía sorprendiendo, y no era por casualidad que se estabilizase: su alma tenía total control sobre su cuerpo.

Al poco rato, ya estábamos todos. Nos pusimos a su alrededor y lloramos sin reprimirnos; no teníamos mejor forma de decirle adiós a nuestro querido padre. En ese instante nos dimos cuenta de que, a lo largo de aquel mes de mayo de 2010, de forma inconsciente, cada uno había ocupado una posición determinada al lado de papá, un lugar concreto, como esos polluelos que, atareados, rodean a su madre.

Es difícil encontrar palabras para explicar la grandeza de lo que estábamos viviendo, pues nuestras esencias entraron en comunión con la de papá. Sabía que estábamos allí. Era el momento de dejarnos con mamá, que, rota de dolor, se encontraba a sus pies.

De repente, sin previo aviso, en la pantalla del monitor vimos que aparecía una línea recta como la hoja de un puñal que nos partía en dos. Su corazón acababa de detenerse sin ruido, con sencillez y dulzura, como siempre había vivido, y nos permitió observar el último latido de un hombre generoso.

Es complejo describir el impacto que supone observar en la pantalla el último latido del corazón de tu padre. Poco después entró la médica para certificar su muerte y darnos el pésame.

—Ha muerto a las seis en punto de la mañana —dijo—. Las enfermeras os dejarán estar un tiempo con él.

«¿Las seis en punto de la mañana? ¡Vaya! Justo a la hora en que nací yo, y que tanto le dolía no haber estado», pensé. Mi partida de nacimiento y su documento de defunción llevan la misma hora, las seis de la mañana. Su corazón podía haber claudicado infinidad de minutos u horas antes o después y no coincidir jamás en el tiempo.

Sería lógico pensar que era una casualidad, pero me niego a aceptarlo. Teniendo en cuenta sus últimas palabras, para mí fue una señal, ¡su señal! Una forma de cerrar el ciclo, de trasmitir que existe algo importante y desconocido que incluso permite a una persona en estado de coma profundo escoger el momento de morir y al lado de quién hacerlo.

Quien ama tanto merece gratitud, y nosotros la sentíamos a manos llenas. Y con las manos continuamos acariciando su cuerpo, llorando en silencio, hablando con él y deseándole el mejor de los viajes. Le pedí que, cuando fuéramos a morir, viniera a buscarnos y nos guiara hasta descubrir el secreto mejor guardado, uno que había dejado de serlo para él.

Mamá estaba a nuestro lado y nos ayudaba a despedirnos con sencillez. Desde pequeños nos enseñaron que, cuando la vida se retira del cuerpo, la muerte no llega como una vieja bruja despiadada. Nos mostraron que somos mucho más que un cuerpo en sufrimiento, y que lo más grande de una persona es lo que menos pesa. Entre lágrima y lágrima, percibimos que su esencia entraba en cada uno de nosotros para siempre.

Habíamos crecido al lado de un gran hombre. En el momento de morir, confirmó una vez más su grandeza, sabiduría y generosidad. Aunque han pasado muchos años, seguirá vivo mientras repitamos sus últimas palabras: «Coi, coi, coi».

Reflexión. El final de la vida suele estar marcado por el padecimiento, tanto físico como emocional. El cuerpo comienza a ceder ante el peso de los años o la enfermedad. Morir, en ese contexto, deja de ser un enemigo temido y se convierte en una liberación, un paso hacia la paz. Para muchos, es el alivio final: el dolor se disipa y solo queda la serenidad del descanso. Por tanto, para quien sufre, la muerte puede ser una dama preciosa que le toma de la mano con suavidad y lo lleva hasta un jardín para que contemple las flores que han brotado de las semillas plantadas durante su vida. No morimos mientras alguien nos recuerde y hable de nosotros con cariño.

La Dirección de Enfermería consideró que el enfermero que lo atendió aquella noche había actuado de forma inadecuada y le impuso una falta muy grave por atentar y amenazar la integridad de terceros. Deseo que a partir de aquel momento, por el bien de todos, aprendiera el profundo y trascendente significado de la palabra «cuidar».

Gasa con sangre y amor

Durante los días que papá estuvo en la UCI en estado crítico, le hacíamos compañía, le dábamos masajes, le hablábamos del tiempo, le contábamos lo que hacíamos... En definitiva, intentábamos que, a pesar de encontrarse en aquella situación de coma inducido, sintiera que formaba parte de nuestra vida, que estábamos allí, pendientes de él, y que lo queríamos.

Su cuerpo seguía hinchado y encharcado, estaba irreconocible, y sus facciones podían haber sido las de cualquiera. Era triste intentar buscar algo que nos recordara al que fue, pero, al hacer ese repaso, observé que le salía sangre del brazo derecho, quizá por el pinchazo de una analítica. Cogí una gasa y se la pasé por el brazo con la única intención de limpiarlo. Era lo que él hubiera hecho con cualquiera de nosotros si hubiésemos estado postrados en aquella cama.

Me dirigí al contenedor para desechar la gasa, pero al final me la guardé en el puño. Al levantar la mirada, vi a mi hermano pequeño con los ojos rojos por las lágrimas contenidas y triste en extremo. A pesar de que Ricard tiene unas manos fuertes, me fijé en la gran suavidad y delicadeza con que daba masajes a nuestro padre mientras le hablaba y le decía lo mucho que lo quería. En esos momentos, el corazón de Ricard estaba lejos de nosotros, intentando mostrar todo el amor del que era capaz. Aquella imagen golpeó mi corazón. Miré la gasa manchada de sangre que aún tenía en la mano.

—Toma, Ricard —dije—, ¡te la mereces!

Con sus grandes manos cogió la gasa, la observó y se la guardó con mucho cuidado en el bolsillo de los pantalones.

Meses después de la muerte de papá, Ricard nos explicó que dejó aquella gasa manchada de sangre delante de una foto de nuestro padre, la que le hicieron el día de su santo, el último San Valentín, tres meses antes de morir. En la imagen, papá tiene los ojos cansados, pero sostiene en las manos un corazón de terciopelo verde que le había regalado Ricard.

Con la muerte de papá, mi hermano se había quedado muy abatido. Aquel día se sentía emocionalmente roto. Sentado en la cama, se dejó llevar por unas lágrimas que no podía ni quería contener. Entonces levantó la mirada, observó la fotografía de papá con el corazón de terciopelo y algo le impulsó a coger la gasa y tocarla de nuevo, como si albergara un pedacito de él. En ese instante se dio cuenta de que la mancha de sangre seca y oscura, de manera inexplicable, había tomado la forma del corazón verde que papá sostenía en la foto.

Aquella situación le provocó sentimientos encontrados: por un lado, sintió una gran ilusión, pero, por otro, le generó desasosiego ser testigo de todo aquello, pues llegó a pensar que era fruto de su imaginación.

—¡Me daba miedo contarlo por si pensabais que estaba loco! —nos explicó tiempo después.

Por supuesto, todos quisimos ver la famosa gasa y constatar lo que contaba Ricard. ¡Era cierto! La gasa con la mancha de sangre de papá había tomado la forma del corazón de la imagen, justo la misma, ¡idéntica!

¡La gasa empapada de sangre, empapada de amor, que Ricard guardará siempre!

Reflexión. Evitamos compartir algunas experiencias que vivimos en torno a la muerte de quienes amamos porque, a menudo, tememos que no nos comprendan o nos juzguen. Estas vivencias, que pueden parecer íntimas o sobrenaturales, nos tocan en lo más profundo, y exponerlas puede hacer que nos sintamos vulnerables. La sociedad tiende a racionalizar la muerte y la aleja de lo espiritual o lo inexplicable, lo que nos lleva a callar por miedo a que otros desprecien lo que, para nosotros, es un vínculo sagrado o un mensaje lleno de significado. Guardamos silencio y protegemos esas experiencias como algo personal y precioso.

Si alguien confía tanto en ti que tienes la suerte de ser depositario de ese honor y te cuenta su secreto, escúchalo con grandes orejas y boca pequeña. Será el mejor regalo que podáis haceros, y quedará grabado en vuestra memoria para siempre.

Su olor

Dos días después del funeral de mi padre, nuestra hija mayor, Alba, que tenía veintiún años en ese momento, debía regresar a Londres, donde vivía y trabajaba. Era de noche cuando fui a su habitación para charlar un rato con ella y despedirme. Apenas entré, sentí algo sorprendente: el olor de mi padre, claro y nítido, como si estuviera allí mismo, cerca de nosotras. Me quedé helada. No esperaba algo así, ya que la última vez que había percibido su aroma fue en el quirófano, antes de que lo perdiera para siempre.

Cada persona tiene un olor único, y los de aquellos a quienes amamos quedan intensamente grabados en la memoria de forma inconsciente. Pero ese no era un simple recuerdo; el olor no venía de dentro de mí, sino de fuera. Flotaba en la habitación.

—¿De dónde sale este olor? —le pregunté a Alba—. ¿Lo hueles?

Estaba recostada en la cama y me miró sorprendida. Me dijo que no olía nada y que no había abierto ningún frasco de colonia. Pero yo sabía que no era un perfume; era su olor, el inconfundible olor de su piel. Cuanto más tiempo pasaba, más intenso y claro se volvía. Consternada, empecé a olfatear cada rincón de la habitación, revisé la ropa del armario, cada prenda, pero no encontré nada. El aroma estaba en el aire, rodeándonos. Mientras seguía buscando su origen, unas palabras resonaron dentro de mí: «No te preocupes, yo cuidaré de ella. Quédate tranquila».

Le comenté a Alba que sentía el olor del abuelo por toda la estancia. Asustada, saltó de la cama y exclamó:

—¡Caramba, mamá, ahora no voy a poder dormir!

Sus palabras me hicieron sonreír.

—Si el abuelo está aquí, contigo, no tienes nada que temer —dije—. Siéntete orgullosa, porque él te está cuidando.

Dudé de mí, y era normal que lo hiciera. Por extraño que parezca, esa fue la única vez que percibí su olor. Me hubiera encantado sentirlo de nuevo, pero, a pesar de desearlo, no volvió a suceder. Sabía que, aunque el aroma de papá seguiría grabado en mi memoria, no podría provocarlo de nuevo por mucho que quisiera.

Todos conocemos a personas que tienen siempre una explicación para todo; dicen que provocamos de forma inconsciente este tipo de situaciones, pero puedo afirmar que aquello no fue fruto de mi imaginación. Su olor era más real que cualquier otro que hubiera percibido antes. ¿Otra coincidencia? No lo creo. Estoy convencida de que él me envió ese mensaje, y su olor solo fue el medio para que yo lo captara. Cada persona tiene un olor único y especial, por una combinación de factores biológicos. Ese aroma es tan distintivo y excepcional que los familiares más cercanos lo reconocen inconscientemente. Es una forma sutil de conexión emocional y física.

Después de morir, este olor característico desaparece en un espacio corto de tiempo. Sin la actividad metabólica que lo produce, el cuerpo ya no emite las mismas señales químicas. Para los seres queridos, esta ausencia puede ser profundamente simbólica: el olor que evocaba consuelo, amor y recuerdos compartidos se disuelve, convirtiéndose en uno de los primeros cambios que mostrarán la ruptura definitiva de la presencia física con esa persona. Un recordatorio silencioso de la fragilidad de la vida y del lazo intangible que nos une a quienes amamos.

Pero en determinados momentos, y por un instante, son numerosas las personas que, como me ocurrió a mí, aseguran percibir el olor característico de un ser querido que ha fallecido. Se trata de una experiencia profundamente emocional, no provocada y de difícil explicación científica. Puede ser un perfume que usaban, el olor de su ropa o ese olor único que solo era suyo. Lo más sencillo sería pensar que estos episodios están vinculados con la memoria sensorial: el cerebro, al procesar el duelo, evoca recuerdos intensos asociados a los sentidos, incluido el olfato. Pero, para quienes lo hemos experimentado, aparte de convertirse en un consuelo, es una experiencia colmada de mensaje, algo que no sucede por voluntad propia por intenso que sea el deseo de que ocurra algo. Estas vivencias son un recordatorio de cómo los vínculos con nuestros seres queridos pueden manifestarse de formas misteriosas después de su muerte.

Reflexión. Disponemos de un organismo que no vivirá para siempre y, una vez muerto y ya falto de sentidos, merecerá las mismas atenciones y la proximidad por parte de quien nos ama que cuando el corazón latía, amaba, oía, degustaba y olía. El cerebro pensaba y el alma lo habitaba.

Uno de los momentos más importantes en la vida es poder despedirse de un ser querido. Los profesionales de la salud somos conscientes de lo crucial que es para las familias tener ese recuerdo. Por eso les recomendamos, también a los niños, que se acerquen al cuerpo del ser amado, ya sea en la cama del hospital o en casa.

Ver el cuerpo y tocarlo es esencial para comprender a través de los sentidos la falta de vida; un niño de pocos meses de vida lo percibirá aunque aún no lo entienda. Los sentidos nos ayudan de este modo a comprender la realidad, conectar con las emociones y facilitar el inicio de un duelo saludable.

Cada uno de los sentidos nos conecta, de una forma íntima y real, con la despedida de nuestros seres queridos. Permitir que intervengan en el proceso es vital para asimilar la pérdida y empezar un duelo que, aunque duro, será más saludable. Los sentidos nos informan del siguiente modo:

- **Sentido de la vista.** Poder ver a la persona fallecida es fundamental. Observar su cuerpo inmóvil ayuda a confirmar, de forma tangible, que la vida ha dejado de estar presente en ella. Es un momento doloroso pero necesario.
- **Sentido del oído.** Dejar de escuchar su voz, llamarlo o hablarle y no obtener respuesta, forma parte del proceso de comprensión de la realidad. El silencio, por duro que sea, es la manera de intuir la profundidad del dolor que implicará su ausencia.
- **Sentido del tacto.** El contacto físico, tocar el cuerpo frío o darle un último beso, ayuda a certificar la ausencia de vida. Este gesto de cercanía sirve para procesar la pérdida, evita fantasías, deja un recuerdo y prepara el inicio del duelo.
- **Sentido del olfato.** La pérdida del olor corporal es otra señal que, aunque parezca insignificante, ayuda a asumir la falta de vida. En el momento de morir, los cuerpos pierden su olor característico, ese olor único, entrañable, sutil, familiar y que incluso hace que una

misma colonia o perfume confiera un olor distinto a un cuerpo u otro.

Suelo recomendar a los dolientes que escojan alguna prenda de ropa utilizada por la persona fallecida y que la guarden en una caja envuelta en papel de seda. Así lo hizo una niña con la gorra de su abuelo y consiguió que, años después, en ella siguiera presente su olor. Esa pequeña había logrado conservar un tesoro.

• **Sentido del gusto.** La visión de un cuerpo amado pero inerte produce estrés y es común experimentar sequedad en la boca, falta de apetito o malestar digestivo.

Poco a poco, y por medio de los sentidos, nuestro cuerpo asume la magnitud de lo ocurrido y se prepara para el largo camino del duelo.

El camino del duelo: hablar de él y con él

Había pasado un año y medio desde la muerte de nuestro padre, y el camino estaba siendo duro y complicado. Una de las cosas que más nos ayudaron a sobrellevarlo fue atravesar el duelo juntos, hablando de él y, en cierto modo, con él. Aunque su cuerpo ya no estaba, su presencia nos seguía acompañando de formas que jamás nos hubiéramos imaginado.

Papá siempre fue menudo, y su cuerpo nunca fue ágil. Aunque se cuidaba y hacía ejercicio, la fragilidad de una infancia marcada por enfermedades terminó determinando su partida prematura. En ese momento en que ya se había liberado de ese cuerpo que tantas veces le pesó, nosotros, sus hijos, lo llevábamos a todas partes. Y lo más curioso era que, sin haberlo hablado, los cinco hermanos lo hacíamos de la misma manera, como si su espíritu nos acompañara siempre. Ricard, por ejemplo, sigue llevándolo al gimnasio. Rafel se lo lleva a las montañas: cuando llega a la cima, le habla como si lo tuviera a su lado:

—Mira, papá, observa hasta dónde hemos llegado —le dice, invitándolo a disfrutar de la naturaleza a través de sus ojos.

Imma sigue haciendo natación con él, como si estuvieran nadando juntos. David, por su parte, lo ha llevado a descubrir las profundidades marinas buceando, ese mundo que papá nunca conoció en vida.

Y yo... yo me lo llevo a esquiar.

—Papá, agárrate fuerte, que vamos a bajar una pista complicada —le digo, y ahí estamos los dos, descendiendo juntos, como si nada pudiera detenernos.

Siempre me ha encantado esquiar, pero, desde que murió, cada bajada es una mezcla de lágrimas y susurros. Un día, mientras estábamos en uno de los remontes, le confesé a mi marido y a nuestra hija Clàudia:

—¿Queréis saber un secreto? No esquío sola...

Clàudia, sonriendo, dijo:

—Claro, mamá, esquías con nosotros.

—Sí, pero también con el abuelo. Lo llevo detrás de mí, agarrado como una lapa, y juntos descubrimos de lo que somos capaces. ¿Por qué creéis que ahora me atrevo a bajar esas pistas que antes me daban miedo y no me caigo?

Instantes después, Clàudia nos miró y exclamó:

—A partir de ahora, ¡al abuelo lo quiero llevar yo!

Sonreí. «¡Genial!», pensé. En el fondo, sabemos que papá sigue con nosotros, acompañándonos en cada paso, en cada desafío, en cada instante compartido.

> **Reflexión.** La muerte de quien amamos detiene el mundo. Las personas generosas, sencillas y que han amado merecen nuestras lágrimas. Hay momentos en la vida que no pueden repetirse y que quedan grabados como un tatuaje en el corazón y en el alma. El fallecimiento de un ser amado marca un antes y un después, y desvanece una vida construida a su lado. El tiempo de duelo nos fuerza a reconstruir un mundo sabiendo que nada será igual. Hablar de ellos y con ellos es la mejor forma de cuidarlos más allá de la vida y de cuidarnos a nosotros mismos.
>
> Fue un regalo ver que todos elaborábamos un duelo tan creativo como saludable, haciendo lo que papá querría: lo mejor para los demás.

Necesito que me ayudes

Pocos días antes de que papá ingresara definitivamente en el hospital, fui a verlo a su casa. Todos los hermanos solíamos pedirle consejo cuando lo necesitábamos, y me urgía su recomendación. Mi marido pronto cumpliría los cincuenta, y era un buen momento para cambiar su viejo coche. Quería darle una sorpresa, pero ¿cuál comprarle, si no entendía de marcas ni de modelos?

Papá, muy cansado, me dijo:

—Mira estas dos marcas, pero no te puedo ayudar más porque estoy agotado.

Aunque observé su profundo cansancio, no se me pasó por la cabeza pensar que no sería capaz de recuperar las fuerzas y menos que acabaría muriendo poco tiempo después. Su ingreso precipitado, la intervención y su muerte hicieron que se me olvidara el tema del coche. Meses después recordé que faltaba muy poco para el cumpleaños de mi marido y, aunque no tenía ganas ni humor para visitar concesionarios, no podía entretenerme si quería regalárselo.

Opté por centrarme en las dos marcas que papá me había dicho. Lo único que debía hacer era decidirme por los modelos, lo que tampoco me resultaba fácil.

Las tardes se convirtieron en un ir y venir de un concesionario a otro: un modelo u otro de una misma marca; unos te regalaban las alfombrillas, otros te decían que había salido una oportunidad que no podías perder; ese tenía eso de más, el otro gastaba menos… En fin, un mareo.

Los días pasaban sin saber por cuál decidirme. Cuando estaba a punto de desistir, pasó algo que lo arregló todo. Estaba volviendo a casa en bicicleta después de visitar un concesionario con Clàudia cuando, de repente, tuvimos que pararnos para dejar salir a un coche de un colegio. Y allí estaba, flamante, uno de los modelos que había visto y que se ajustaba a lo que necesitábamos. Además, era del color que quería, el modelo que había mirado y el número de puertas que necesitábamos. Entonces me acerqué a la conductora y le pregunté si estaba contenta con el coche. Su confirmación me animó a volver al concesionario.

Al llegar, volví a mirar el coche que acabábamos de ver salir del colegio, pero un pensamiento me hizo dudar: «¿Y si me equivoco? ¿Y si no es el coche ni el modelo que él querría? ¿Qué hago?».

El vendedor, cargado de paciencia, nos invitó a sentarnos para resolver mis dudas. En ese momento Clàudia abrió su bolsa de juguetes que contenía unos treinta coches minúsculos y distintos. Con decisión y sin mirar, metió la mano, cogió uno y lo puso encima de la mesa.

—A papá le tienes que comprar este coche —dijo.

Lo miré, pero era tan pequeño que tuve que ponerme las gafas para verlo bien. Le agradecí que intentara ayudarme, pero le expliqué que debía decidirme y que no tenía tiempo para jugar. Entonces el vendedor cogió el coche que Clàudia había dejado en la mesa y, al reconocerlo, dijo, sorprendido:

—¡Pero si es la marca, el modelo y el color que estás mirando!

Mientras me ponía de nuevo las gafas, le dije que era mucha casualidad, que, siendo tan pequeño, no se podían ver los detalles.

El vendedor le dio la vuelta para ver el chasis: allí estaba grabada la marca y el modelo que papá me había recomendado meses antes. A continuación, abrió la bolsa de Clàudia para ver todos los cochecitos y, por increíble que parezca, eran de distinta marca y modelo, no había ni uno repetido. Lo sucedido cobró fuerza y disipó cualquier duda. Comprendí que papá me estaba ayudando a través de Clàudia y que ese era el coche que debía comprar.

Pero no todo terminó aquí: cuando nos entregaron el coche matriculado, nos dimos cuenta de que las letras de la matrícula eran las iniciales de los dos, de mi marido y de papá. ¿Otra casualidad?

Reflexión. Las señales que percibimos de los seres queridos que ya no están no indican perturbación mental ni nada fuera de lo común. Suelen aparecer cuando menos lo esperamos y, aunque en ocasiones nos sorprenden, siempre traen consigo un mensaje o significado profundo. Son mucho más habituales de lo que creemos y, lejos de generarnos miedo o incertidumbre, suelen reconfortarnos y hacernos sentir acompañados.

A veces, estas señales son tan sutiles que pueden pasarnos desapercibidas o que, al principio, no logremos entenderlas. Pero, con el tiempo, las reconocemos como pequeñas caricias de los que ya partieron. Pueden llegar de muchas formas: olemos un aroma familiar, los vemos en un sueño, tenemos la sensación de que alguien está a nuestro lado, aparecen objetos de repente, nos parece oír su voz o sintonizamos la radio cuando suena su canción favorita.

Son señales que, aunque rara vez compartimos, tienen algo en común: el mensaje silencioso de «Estoy bien, sigo contigo y, si me necesitas, te ayudaré». Las personas que cuentan sus experiencias lo hacen con una sonrisa de gratitud, como quien ha recibido un regalo inesperado, y guardan celosamente ese momento en su corazón con un inmenso cariño.

En casa, por ejemplo, el cochecito de Clàudia está en una vitrina, dentro de una cajita de madera. Junto a él, un pequeño escrito narra la preciosa historia que lo acompaña; un recuerdo lleno de significado y amor.

El tiburón de Damián

La experiencia con Damián, un niño de siete años, es de las más sorprendentes que he vivido. Lo que ocurrió aquella mañana durante su sesión me confirmó que la muerte es el secreto mejor guardado, por lo que empezaré desde el principio.

Tras veinte años con el mismo coche, tuvo una avería tan importante que el mecánico nos aconsejó cambiarlo. Una vez más, la gama de modelos y colores se convirtió en un quebradero de cabeza. Al final dudé entre uno de un precioso color rojo y otro modelo de un aburrido blanco, pero más ajustado a mis necesidades.

La decisión no era fácil, por lo que le dije al vendedor que le daría mi respuesta al día siguiente.

Aquella noche no podía dormir, dando vueltas al color y al modelo. Salí al balcón y pregunté:

—Papá, ¿con qué coche nos quedamos?

Al instante sentí una respuesta dentro de mí: «Xusa, coge el blanco, que para vosotros está muy bien». Esa era justo la respuesta que no quería oír, pero estaba segura de que era lo que mi padre me hubiera aconsejado, incluso con esas mismas palabras. Me acosté convencida, pero, cuando desperté, volví a pensar que el coche rojo era mi preferido y que llamaría al concesionario para reservarlo.

Esa mañana tenía que visitar a las personas en duelo del hospital. A última hora había quedado con Damián y su mamá: hacía dos años que su marido había muerto de un infarto en casa, con él presente. Estaba diagnosticado de trastorno del espectro autista (TEA), caracterizado por presentar dificultades para la comunicación e interacción social, la flexibilidad del pensamiento y la conducta.

Damián solía tener crisis de ira, pero era un niño muy especial que se comunicaba con la mirada. En dos años se convirtió en un maestro que me enseñó a descifrar las claves de su duelo. Durante las sesiones, la única palabra que decía era «bruja», por lo que yo representaba entre él y la muerte de su padre.

A cada visita, Damián traía dinosaurios de juguete, la mayoría tiranosaurios rex, pero aquella mañana venía acompañado por un gran tiburón hecho con piezas de construcción. Me sorprendió, así que le pregunté el motivo del cambio, pero no me respondió. Durante el transcurso de la sesión, iba montándolo y desmontándolo y me observaba mientras escuchaba lo que comentábamos con su madre.

En un momento dado, la mamá se dio cuenta de que yo estaba cansada. Le expliqué que el motivo no era importante, solo que había dormido poco por una duda sobre un cambio de coche.

En ese instante, el pequeño Damián cogió dos piezas del tiburón desmontado y, erguido frente a mí, me las mostró. En la mano derecha tenía una de color blanco y una roja en la izquierda.

—Tienes que escoger el blanco, porque será paz y tranquilidad —afirmó sin dilación—. El rojo será un problema. No me podía creer lo que estaba ocurriendo, ya que en ningún momento de la conversación con su madre había mencionado color alguno. Entonces le pregunté por qué había elegido esas dos piezas, cuando las demás eran casi todas grises, pero Damián se limitó a sonreír mientras seguía montando el tiburón. Al observar las piezas que encajaba con destreza, me di cuenta de que la de color rojo correspondía a la boca y, la blanca, a la aleta pélvica.

Cuando acabó la visita, me quedé un buen rato reflexionando sobre lo ocurrido: era la primera vez que Damián, después de dos años, hablaba conmigo. Sentí que mi padre se comunicaba a través de él para evitar que cometiera un error.

Esa misma tarde fui al concesionario a reservar el coche blanco. Días después seguía intentando encontrar una explicación a lo ocurrido, y entonces recordé que el coche preferido de mi padre, aunque nunca pudo tenerlo, era el Citroën Tiburón.

Gracias, Damián, por todo. El coche fue un acierto.

> **Reflexión.** Damián fue una enciclopedia para mí. Una de las muchas cosas que me enseñó es que el alma no está jamás discapacitada ni es inmadura.

El profesor

Aquella mañana había ido a un instituto para hacer un taller sobre el duelo con chicos y chicas. Para mí era un día especial: se cumplían diez años de la muerte de papá. Después de compartirlo con ellos, les pedí si podía escribir su nombre en la pizarra, Valentí, y dedicarle el taller. Al instante comprendieron la petición, accedieron y me pidieron si podían añadir el nombre de sus seres queridos. Así lo hicimos durante el transcurso de la mañana. Su profesor era un hombre maduro, a punto de jubilarse, que prefirió sentarse al fondo de la clase para observar y, sobre todo, descubrir vivencias juveniles ocultas que les pudieran preocupar.

Así empezó el día: cada joven participó hablando de las personas y mascotas que habían sido significativas en su vida. Se detuvo el mundo y se creó un momento mágico. Conversamos sobre el duelo como un proceso natural, universal, íntimo, que cada persona vive de forma distinta; multidimensional, porque afecta a todas las dimensiones del ser humano; dinámico, ya que se manifiesta de diferentes formas. Comentamos que el tiempo de duelo nos empuja a evolucionar, nos transforma, y que cada persona necesita el suyo para adaptarse e integrarse a una vida diferente.

ESPACIO PARA EL ALMA

Durante el taller, muchos jóvenes compartieron su experiencia y escucharon con atención cómo sus compañeros y compañeras habían vivido la muerte de un ser querido. Juntos trazaron un camino de reflexión personal a través del cual fueron comprendiendo que el dolor es directamente proporcional al amor, y que el alma solo necesita llorar por quien siente la nostalgia de la ausencia: «Te quiero tanto, te echo tanto de menos, que necesito llorarte».

Hablamos de que la intensidad y la duración del duelo estaban relacionadas con la capacidad de cada uno para adaptarse a las adversidades, con el momento de la vida en que lo vivían, con lo que esa persona significaba para ellos y en qué medida daba sentido a su vida. También de que, para que un tiempo de duelo fuera saludable, era importante reconocer el significado del dolor, tener la oportunidad de expresar los sentimientos y que los demás respetaran el tiempo del duelo de cada uno.

Llegados a ese punto, fueron descubriendo los beneficios de los rituales para favorecer el consuelo y la importancia de construir un puente simbólico con el difunto y seguir cuidándolo más allá de la vida.

Entonces un chico levantó la mano para hablar.

—¿Puedo compartir con los demás algo muy especial para mí?

Sus compañeros le escucharon en silencio y, emocionado, explicó:

—El llavero donde guardo las llaves de casa tiene la fotografía de mi abuelo. Murió en el país del que vengo, y no pude despedirme él.

A continuación, pidió que anotáramos su nombre en la pizarra y prosiguió:

—Mi abuelo fue una persona sencilla, generosa y llena de amor.

Entonces le ofrecí el rotulador para que él mismo pudiera escribirlo y, mientras lo hacía, los demás, de forma espontánea, le aplaudieron.

Los jóvenes estaban llenando de magia aquella mañana que llegaba a su final. En ese momento me fijé en las zapatillas de deporte de un chico. Me acerqué a él y le comenté:

—Me encanta el color de tus zapatillas, son de mi azul preferido.

El chico agradeció el comentario, y el profesor, que había estado pendiente de todo lo que sucedía en la clase, se apresuró a decirme que este estudiante era muy bueno jugando al baloncesto.

—Qué bien, ¡enhorabuena! —dije dirigiéndome al chico.

Entonces le pregunté al profesor si a él le gustaba el deporte.

—De vez en cuando voy a ver a mis alumnos, cuando me dicen que tienen un partido. Ellos lo agradecen —respondió.

Era evidente que lo respetaban, y sentí curiosidad por conocerle algo más.

—¿Hace muchos años que estás en este instituto? —le pregunté.

—No, antes estaba en uno de Manresa, que es donde nací y crecí —contestó.

—¿Eres de Manresa? Yo también —añadí sorprendida.

La conversación se volvió más interesante cuando comentó que había nacido en el mismo año y que había estudiado en el mismo instituto que yo. En los setenta, los chicos y las chicas estábamos en clases distintas, pero coincidíamos en el recreo.

—¿Cómo te llamas? —pregunté por si me sonaba su nombre.

—Valentí Serra —respondió.

Me quedé perpleja al descubrir que se llamaba igual que mi padre, y se lo comenté. Él sacó su DNI para demostrarme que no se trataba de una broma. Se había percatado en cuanto escribí el nombre de mi padre en la pizarra.

Pero ¿cómo podía ser casualidad? Justo el día en que se cumplían diez años de su muerte, cuando por primera vez, después de una década impartiendo el taller, lo compartía con los alumnos, escribía su nombre en la pizarra y se lo dedicaba.

Seguro que hay más personas que se llaman así, pero que sean profesores, hayan nacido en Manresa el mismo año que yo, hayan estudiado en el mismo instituto y coincidamos en otro precisamente ese día, era excepcional.

Reflexión. Si aquel chico no hubiera llevado las zapatillas de ese color, no habría charlado con el profesor y la casualidad no habría existido. Por eso lo recibí como una señal de mi padre, un guiño a la vida y la muerte, como el secreto mejor guardado.

¿Cuántas señales nos pasan desapercibidas? ¿Cuántas veces decimos «No puede ser»?

> Podemos pasearnos por el espacio, llegar a la Luna o a Marte, pero el secreto de lo que pasa después de la muerte no lo descubriremos hasta que llegue nuestro momento. Habrá que esperar... Y por ahora no tengo prisa.
>
> Un hombre que es maestro en la paciencia es maestro en todo lo demás.
>
> GEORGE SAVILE

Las gafas del abuelo y el carrete de pescar

Me encontraba en la recta final de un curso de seis meses, en Valencia. Tenía ganas de terminar porque, cada fin de semana que me iba, Clàudia, que entonces tenía tres años, decía que quería venir conmigo. Ver que mamá iba tan a menudo a otra ciudad la había llevado a idealizarla. «¡Qué bonito debe de ser aquello para que mamá vaya allí tantas veces!», pensaba (quizá no con estas palabras, pero seguro que con otras parecidas).

Era el último fin de semana del curso, y nos pidieron que acudiéramos con un objeto de una persona querida que hubiera fallecido. La idea de llevarme algo no me preocupaba; podía coger cualquier cosa de los abuelos. Durante la semana, notaba que el pensamiento sobre el objeto aparecía de vez en cuando y se me planteaba un dilema: «¿Y qué objeto escojo? ¿Y de qué abuelo o abuela, si todos han muerto?».

Entonces me di cuenta de que no era tan sencillo. Sentía

que el objeto que eligiera tomaría una dimensión especial, sería como llevarme a esa persona conmigo, y no sabía a cuál de los cuatro escoger. Tendría que dejar decidir a mi corazón, y eso significaba que ese abuelo o abuela pasaría por delante de los demás. «Vaya forma de complicarnos la vida... —pensé. No sabía qué hacer, y me preguntaba—: ¿Tomo un objeto de mi abuela Pepita, que era mi madrina? ¿O uno de mi abuelo Rafael, al que también quiero mucho? Podría llevarme los pendientes que me dejó la abuela Conchita... O las gafas de sol que se ponía el abuelo Manel cuando iba a pescar...».

Estaba ante una disyuntiva. El abuelo Manel nunca pensó que la única que seguiría su afición por la pesca sería yo. Le costó lo suyo entender que sus nietos varones no tenían ganas de pasarse horas delante de un corcho flotando en el agua. En cambio, no daba importancia a que una de sus nietas se volviera loca de alegría cuando podía ir con él al río. Con los años lo admitió, pero recuerdo la impotencia que sentía yo y lo mucho que me enfadaba que al abuelo le costara tanto entenderlo y que me dejara en casa porque creía que pescar no era cosa de niñas.

En el último momento, por un impulso del corazón, decidí coger las gafas de sol del abuelo. Hacía tiempo que no les prestaba atención y, de forma inconsciente, las olí por si aún conservaban su olor. Las miré mucho rato, con delicadeza, y fue como desempolvar los recuerdos de cuando él las llevaba puestas. Era el padre de mi madre, un hombre reservado y de palabras justas. Alto, moreno y elegante, sobre todo con esas gafas.

Sin dudarlo más, las metí en la maleta y me fui a Valencia. Durante el viaje, las saqué, las observé detenidamente e intenté imaginar cómo veía el mundo el abuelo a través de ellas. ¿Cuántos momentos de vida observó mientras hacía lo que más le gustaba, pescar? ¿Cuántas veces me observó a través de esos cristales mientras yo lo miraba embelesada, pensando que era el mejor pescador del mundo y, además, mi abuelo?

El final del curso se celebraba en un convento de clausura que tenía un jardín muy grande y bonito, lleno de colores y olores de naranjos y limoneros. Era un espacio rodeado de altas murallas en el que la fragancia de las flores de los árboles quedaba suspendida en el aire. Solo estábamos allí seis alumnos que, de viernes a domingo, y entre aquellas paredes, teníamos la sensación de que el tiempo se detenía. Era como si estuviéramos solos en el mundo. Utilizábamos los momentos de descanso para reflexionar mientras paseábamos por los caminos de aquel precioso jardín. El convento era tan grande y éramos tan pocos que apenas coincidíamos.

Durante mi paseo del domingo por la mañana, captó mi atención un árbol que se encontraba en un rincón del jardín. Era muy grande, con el tronco ancho, la copa llena de hojas y muchas flores. Observarlo a esa distancia era maravilloso, ya que permitía ver el contraste del verde oscuro de las hojas con el blanco intenso de las flores. Me envolvió un ambiente mágico, por lo que decidí darme el placer de pasear bajo su copa, y por sí sola aquella sensación valió el viaje a Valencia.

Por la tarde nos pidieron que tomáramos el objeto que cada uno había elegido, pero nos dijeron que, antes de subir a la sala, fuéramos un rato a relajarnos y meditar. Con las gafas del abuelo Manel en la mano, salí al jardín y me dirigí hacia el gran árbol. Me sorprendió observar que no estaba igual que por la mañana, pues todas las flores de la copa se habían caído al suelo.

«¡Qué raro!», pensé, dado que no había hecho ni una pizca de viento. La imagen era demasiado preciosa como para cuestionarme nada más, así que me acerqué para observar, emocionada, cómo una inmensa y mullida alfombra de flores cubría la tierra. Era tan bonito que me sentí una privilegiada por poder andar sobre una nube de flores blancas. Fue un regalo para los sentidos.

Caminé muy despacio, disfrutando de cada paso y, al dar la vuelta al árbol, tropecé con algo que estaba enterrado entre las flores. Con cuidado, las retiré, y ¿qué encontré? Pues un enorme y viejo carrete de pescar.

Primero me pregunté si aún podría aprovecharse, pero, al observar detenidamente su estado, me di cuenta de lo excepcional de la situación. Pensé: «¿Qué hace un carrete de pescar en mitad del jardín de un convento de clausura? ¿Cómo es que ahora está aquí, si por la mañana, cuando no había flores en el suelo, no estaba? Y las flores, ¿por qué se han caído del árbol, si no ha hecho viento? ¿Y por qué he tenido que tropezar con el carrete?».

Estas y otras preguntas pasaron por mi mente como si fueran diapositivas. Justo en ese instante observé las gafas que tenía en la mano derecha y el carrete en la izquierda, y mi corazón se emocionó al instante. Un pensamiento tomó fuerza dentro de mí: «¿El abuelo me está enviando un mensaje? ¿Me está dando las gracias por haber elegido sus gafas?». Se me puso la piel de gallina y percibí lo que quería decir: «Sí, Xusa, lo admito, eres la heredera de mi pasión por la pesca».

De vuelta a casa no podía dejar de pensar en lo que había ocurrido, analizándolo una y otra vez, y pensé que no era fruto de la casualidad. Me rendí a la evidencia de la señal.

Cuando llegué y lo expliqué, los compañeros quisieron saber:

—¿Y qué has hecho con el carrete?

Era muy viejo y lo dejé allí, en aquel lugar precioso. Solo me sirvió para percibir el mensaje del abuelo, ya no lo necesitaba. Lo que había recibido era mucho más grande e importante.

Gracias, abuelo.

Reflexión. Aquella vivencia fue especialmente extraordinaria, y al analizarla aparecieron muchas dudas. ¿Qué habría ocurrido si no hubiera cogido las gafas, si no hubiera visitado el árbol por la mañana y por la tarde o no hubiera tropezado con el carrete? Lo más especial que me llevé del curso fue el regalo del abuelo.

La última lección del abuelo.
El elefante y la hormiga

Como ya he mencionado, el abuelo Manel siempre fue un hombre de pocas palabras, reservado con sus emociones, pero vivió con una dignidad que lo acompañó hasta sus noventa y siete años. A lo largo de su vida, nos regaló muchas enseñanzas, pero la última, y quizá la más especial, llegó justo el día en que falleció.

El abuelo estaba ingresado en el hospital debido a una insuficiencia respiratoria que le provocaba una fuerte retención de líquidos, especialmente en los tobillos, lo que le impedía caminar. Ese día, mi hermano Rafel y yo estábamos a su lado sin imaginarnos que sería una jornada inolvidable. Él, en cambio, parecía más consciente que nunca de que el final se acercaba. De hecho, estaba más alegre y bromista de lo habitual, algo que no era común en él.

Íbamos paseando por el hospital, conversando de forma animada, cuando de repente el abuelo se detuvo. Nos señaló sus zapatillas y nos pidió que lo ayudáramos a ponérselas bien, ya que no le sujetaban el talón. Rafel se agachó y trató con todas sus fuerzas de colocárselas, pero no hubo manera. Entonces me acerqué para intentarlo, pensando que tal vez tendría más suerte.

Al igual que Rafel, tiré de la parte posterior de la zapatilla, pero el talón, hinchado por la retención de líquidos, no se dejaba vencer.

—Abuelo, tienes el talón demasiado hinchado, por eso no entra en la zapatilla —le dije frustrada.

Entonces él, con una sonrisa traviesa y una ternura que pocas veces había mostrado, nos miró y, muy despacio, pronunció una frase que nos dejó atónitos:

—Con paciencia y saliva, un elefante copuló con una hormiga.

Nos quedamos helados. ¡El abuelo devoto, el hombre que nunca pronunciaba una palabra fuera de tono, había dicho «copular» delante de nosotros! Rafel y yo, aún agachados, nos miramos incrédulos, pero, sin decir nada, nos mojamos los dedos con saliva, tal y como nos había sugerido, y comenzamos a masajearle los tobillos. El abuelo nos observaba con una mezcla de satisfacción y complicidad, comprobando que habíamos entendido la lección.

Y, como por arte de magia, las zapatillas entraron. Aun con la desproporción evidente, funcionó. El abuelo no dijo nada más, no era necesario. Sabía que estaba en su último acto, y cada palabra, cada gesto, estaba lleno de significado. Nos había hecho un último regalo, una lección sobre la paciencia, la vida y el humor incluso en los momentos más difíciles.

Esa misma noche murió, y lo hizo tal y como había vivido: sin alboroto, con sencillez y manteniendo su dignidad hasta el final. Ese último día nos dejó el mensaje más profundo de todos:

—Chicos, morir no da miedo.

Reflexión

La muerte es algo que no debemos temer porque, mientras somos, la muerte no es, y cuando la muerte es, nosotros no somos.

ANTONIO MACHADO

El abuelo y su cesta de pescar

Tras la muerte del abuelo, heredé su preciada cesta de pescar. ¡Qué ilusión me hizo recibir aquella reliquia tan cuidada, llena de historia y tan presente en mis recuerdos de la infancia! Desde entonces ocupa un lugar especial en casa, frente al mar que tantas veces lo vio pescando. De vez en cuando me siento delante de ella, y me gusta observarla, tocar su madera oscura y desgastada, abrirla con cuidado, acariciar los viejos carretes y las cajitas de madera llenas de hilos, anzuelos y plomos. Es como tenerlo cerca de nuevo.

Pasaron los años. Un verano estábamos de vacaciones cuando nuestra hija Anna y su amiga Sara decidieron que querían ir a pescar. Me hizo ilusión ver su entusiasmo, así que me puse manos a la obra: busqué el cebo, preparé el cubo y comencé a montar las cañas. Pero me di cuenta de que no tenía anzuelos del tamaño adecuado, y estábamos lejos de la ciudad.

—Niñas —dije—, hasta esta tarde no podremos comprar anzuelos para que vayáis a pescar.

Anna, siempre ingeniosa, sugirió:

—Mamá, ¿y si miramos dentro de la cesta del abuelo Manel?

—No creo que haya anzuelos pequeños —respondí—, él pescaba en el río con los grandes.

A pesar de mi certeza, abrí la cesta para demostrarle que no encontraríamos lo que necesitábamos. Pero, para mi sorpresa, en una caja de madera atada con una vieja goma, encontré un anzuelo del tamaño perfecto. Los demás eran demasiado grandes. «¡Qué suerte! ¡Qué casualidad!», pensé. Pero lo que sucedió luego fue aún más inesperado.

Dentro de esa misma caja, que nunca había abierto porque temía romper la goma que la sujetaba, descubrí un trocito de papel arrugado, recortado de un periódico viejo. Lo extendí con cuidado sobre la mesa y, aunque estaba desgastado, se podía leer la fecha, que coincidía con el día en que el abuelo murió. ¡Era increíble! Ese detalle me dejó sin palabras.

Al desdoblar el papel, pude leer una frase que todavía me conmueve: «El Amor, la mejor forma de comunicación». Me quedé atónita. Era como si el abuelo, a su manera, me estuviera enviando un mensaje desde el más allá.

Siempre supe que la comunicación no había sido fácil para él. El abuelo Manel, con su carácter reservado y su seriedad, a veces parecía distante, casi altivo, pero los que lo conocíamos sabíamos que era todo lo contrario. A través de sus gestos, de su mirada —que decía lo que su boca no podía—, nos demostraba su cariño de forma profunda y sincera. Amaba a su familia por encima de todo, y había ayudado a mucha gente en silencio.

Ese día dudé en si compartir lo que había pasado. Temía que, al contarlo, alguien pudiera desmerecer ese momento tan mágico que necesitaba asimilar. Pero para mí fue una señal clara de que el amor, a su manera, siempre encuentra la forma de comunicarse, incluso cuando la persona ya no está para decírnoslo con palabras.

Reflexión. Después de tantos años desde su muerte, fue curioso encontrar aquel recorte de periódico justo aquel día. ¿Casualidad? No lo sé; lo descubriré cuando llegue mi momento. Ahora me toca vivir con la incógnita universal del secreto mejor guardado.

Gracias, abuelo; capté el mensaje.

4

Testimonios
de experiencias especiales

Tras la muerte de un ser querido, a cualquier edad, es común que aparezcan manifestaciones extrasensoriales de diversos tipos: visuales, auditivas o sensitivas. Estas experiencias pueden durar un tiempo, en especial en momentos de calma, como al despertar o justo antes de dormir. En ese instante, de forma esporádica e inesperada, podemos llegar a sentir el olor de esa persona, escuchar su voz o percibir su presencia. Estas manifestaciones son más comunes de lo que creemos. Sin embargo, tanto adultos como niños suelen guardarlas en silencio por miedo a que no los entiendan, los juzguen o a que alguien que no lo ha vivido las pueda mancillar con interpretaciones ligeras. Pero, cuando encuentran palabras para describir lo vivido y al final se animan a compartirlo, se sorprenden de lo que ellos mismos cuentan. Al preguntarles si los asusta o los inquieta, la mayoría responden que al contrario, los reconforta. Estas señales les brindan calma en medio del dolor, y muchos las ven como un regalo imprevisto.

Si un niño experimenta este tipo de manifestaciones y las vive de forma positiva, no hay que hacer nada especial. Lo más importante es escucharle y dejarse sorprender por su relato. Nuestros miedos pueden convertirse en los suyos, por eso es crucial no transmitirle preocupación o la idea de que lo que ha vivido es algo raro o inquietante. Si siente que lo estamos juzgando, dejará de compartirlo y, en lugar de vivirlo con naturalidad, lo guardará en su mundo privado. Si le genera sufrimiento, es recomendable buscar la ayuda de un profesional.

Tras esta introducción, deseo compartir con respeto y cariño los asombrosos y extraordinarios testimonios de personas de todas las edades, muchos de ellos recogidos durante el acompañamiento en sus procesos de duelo.

Daniel y el mensaje de mamá

Eran las nueve de la mañana. En la clase de quinto, los niños y las niñas de diez años me esperaban para empezar el taller sobre el duelo que hacíamos cada año en su colegio. Antes de entrar, la maestra comentó que había un niño, Daniel, cuya madre había muerto de cáncer hacía solo un mes, pero que se encontraba muy bien porque seguía el ritmo de la clase como si nada hubiera pasado. Sin embargo, había un aspecto que la preocupaba: según le había comentado el padre, en casa habían dejado de hablar de la mamá justo después del funeral para evitar que Daniel lo pasara mal, y el niño nunca la mencionaba. Ese comentario de la maestra no era un caso aislado, más bien al contrario, ya que en la actualidad existe la consigna social de sobrepro-

TESTIMONIOS DE EXPERIENCIAS ESPECIALES 143

tección doméstica en un intento de evitar hablar de lo que nos preocupa.

Desde los inicios de la humanidad, en el nacimiento y la muerte la familia ha estado presente y ha acompañado en las adversidades a lo largo de la vida de sus miembros. La forma de hacerlo no estaba descrita en un libro, pero durante miles de años los adultos transmitieron lecciones de vida a las siguientes generaciones sobre cómo cuidar de los demás en los momentos más vulnerables. En general, la organización familiar era nuclear, agrupada y con fuertes relaciones parentales, de modo que, si alguien moría, los demás intentaban suplir su rol dentro de la familia.

A través de la observación, los niños aprendían a cuidar de los otros cuando les tocara hacerlo, en la vida y más allá. El nacimiento y la muerte los aglutinaba para cuidarse unos a otros. Eran situaciones para compartir y expresar alegría, confianza, temor, añoranza o dolor, en definitiva, para no sentirse solos. Eran tiempos en que el dolor no se escondía, formaba parte de la vida, y no era extraño llorar o gritar delante de los demás y compartir abiertamente las emociones.

La muerte de una mamá siempre ha tenido un grave impacto en la vida de cualquier niño o niña, por lo que pensaba que era extraño que Daniel lograse seguir el ritmo con normalidad y no necesitara hablar de lo ocurrido. En cualquier caso, antes o después, los sentimientos que envuelven la muerte de un ser amado necesitan vivirse, comprenderse, expresarse, y él no iba a ser una excepción.

Daniel se sentaba en la primera fila. A la derecha tenía a un compañero que, según comentó la psicopedagoga del colegio, tenía un trastorno del espectro autista, igual que Damián, el niño que me ayudó a elegir el color del coche.

Como era habitual al inicio del taller, comencé presentándome y explicando cuál era mi trabajo. Justo en ese momento vi ante mí una mano que se levantaba decidida: la de Daniel. Cuando le pregunté qué quería decirnos, comentó:

—Mi mamá murió hace un mes.

Entonces un silencio invadió la clase, y el niño empezó a expresar todo lo que tenía dentro. Durante más de veinte minutos, lloró, gritó y golpeó la mesa. Me impactó el silencio y el respeto de sus compañeros; no se oía una mosca, ni un lápiz rodar. De vez en cuando levantaba la mirada hacia donde me encontraba y, entre sollozos, se presionaba con las manos el plexo solar o la boca del estómago.

—Estoy roto —decía.

Mientras hablaba y lloraba sin consuelo, su compañero diagnosticado de autismo lo sostuvo emocionalmente colocando la mano izquierda sobre la espalda de Daniel. Fue muy emocionante observar el inmenso respeto y cariño con el que lo acompañó. Muy pocos adultos lo hubieran sabido hacer.

Pasado ese tiempo, Daniel empezó a calmarse, y le pregunté si le parecía bien que dedicáramos el taller a su mamá. Asintió con una sonrisa y escribí en la pizarra el nombre de su madre en mayúsculas. También le propuse que podíamos dedicar a su mamá una película que siempre proyectaba al final de los talleres.

Daniel participó con normalidad, relajado. Antes de acabar, preparé el filme y le recordé que se lo dedicábamos a su madre. Sin embargo, al comenzar la proyección, volvió a levantar la mano y dijo:

—Es que ya la he visto.

No me lo podía creer. Hasta ese momento la había compartido con más de tres mil niños y ninguno la había visto. «¡Qué mala suerte!», pensé. Precisamente el niño que había perdido a su madre era el único que la había visto. Con la mirada, le transmití que lo sentía, pero solo había llevado esa.

Al acabar, mientras comentábamos el taller con la maestra y la psicopedagoga, Daniel se acercó a nosotras y nos dijo:

—Es que ya la he visto —repetía de forma insistente.

—Lo lamento, Daniel —dije apenada, pues era una película muy poco conocida.

Al punto, añadió:

—La vi porque mamá me la enseñó días antes de morir y me dijo algo que no entendí.

Sorprendida, la maestra preguntó:

—¿Qué te dijo mamá?

Con una plácida sonrisa, respondió:

—Mamá me dijo: «Daniel, mira con atención esta película, porque otra persona dentro de poco te la volverá a poner». Hoy lo he entendido. Ahora sé que ha sido una señal de mamá.

Daniel, sin añadir nada más, se fue con una sonrisa de satisfacción, mientras las tres nos quedamos enmudecidas y no dormimos aquella noche. Mi cabeza no paraba de repasar las palabras de Daniel y de hacerse preguntas: ¿cómo sabía su mamá que alguien volvería a ponerle esa película? ¿Cómo podía saber de mi existencia o cuál era la metodología del taller, si era el primer colegio de aquella población en que lo impartía? ¿Cómo supo ella estando viva la manera en que podía rescatar a su hijo del pozo en el que estaría hundido?

¿Qué debía aprender yo de todo eso?

Reflexión. Días después, Daniel me entregó una carta escrita a mano en la que relataba lo que había vivido aquella mañana. Con su permiso, hice dos copias para compartirlas con la maestra y la psicopedagoga. ¿Coincidencia? La respuesta queda abierta a la interpretación de cada uno. Sin embargo, solo ella, su mamá, tiene la certeza, y me quedo con la increíble manera en que utilizó cada recurso a su alcance para ayudar a su hijo.

Con el tiempo, cuando Daniel ya estaba en el instituto, volvía al colegio de vez en cuando para darme uno de esos abrazos que saben dar los que han aprendido que la muerte te vuelve invisible pero nunca ausente. He repasado aquel momento y la película muchísimas veces, y ahora su recuerdo tiene un valor incalculable que antes no alcanzaba a comprender.

Hasta que se llora de veras no se sabe si se tiene o no alma.

MIGUEL DE UNAMUNO

TESTIMONIOS DE EXPERIENCIAS ESPECIALES   147

World Trade Center

El ataque del 11 de septiembre de 2001 a las Torres Gemelas no se olvidará nunca, y es mejor que así sea. Casi tres mil personas murieron, y lo peor fue que muchas se evaporaron. La desesperación de las familias fue inmensa por encontrar cualquier parte del cuerpo del ser querido o un objeto que demostrara que estaba allí en ese momento. Todo lo que deseaban y necesitaban era enterrarlo y honrarlo.

Para poder llorar a un ser querido, necesitamos tener la certeza de su muerte, y esta confirmación la proporciona ver el cuerpo o alguna parte de él. Es difícil iniciar un tiempo de duelo si no estamos seguros de que ha muerto.

Después del atentado se supo que algunas de las personas que fallecieron habían dejado días antes un testimonio inquietante y premonitorio de una muerte inminente. Bonnie McEneaney explicó que, una semana antes del ataque, su marido Eamon le dijo que presentía la inminencia de su muerte. El presentimiento fue más allá al comentarle que creía que se cometería un ataque a las Torres Gemelas, lugar donde él trabajaba. Una semana después, aquellas palabras, que podrían haber provocado una sonrisa, desconcertaron a Bonnie, tomaron sentido y empezó a plantearse muchas preguntas.

Bonnie y Eamon tenían cuatro hijos. Poco después del atentado, ella decidió dejar su profesión como ejecutiva en una empresa de servicios financieros para cuidar personalmente de los niños y averiguar el motivo de la sorprendente premonición de su marido. Había sido escéptica respecto al

148 EL LIBRO DE LA BUENA MUERTE

mundo espiritual, pero el presagio de Eamon y el hecho de que se materializara la llevaron a cambiar su conciencia sobre las cosas. Desde ese momento, su día a día comenzó a llenarse de señales y mensajes para nada casuales. Bonnie necesitaba entender lo que estaba ocurriendo. Se puso en contacto con otras familias para descartar que se estuviera volviendo loca. De las que visitó, muchas admitieron que también experimentaban hechos extraños, pero no los mencionaban para que no los juzgasen o les diagnosticaran un trastorno mental.

Quería y necesitaba sentir que no estaba sola, y eso la animó a hablar con testigos y recoger experiencias de otras personas. Sabía que sería complicado moverse en un terreno tan inseguro como desconocido, pero estaba convencida de lo que hacía, y los demás testimonios la empujaron y animaron a seguir por ese camino.

Al final escribió el libro *Messages*, donde transmite un mensaje de amor y esperanza a muchas personas en proceso de duelo y con la necesidad de creer en un posible reencuentro.

Reflexión. La muerte de una persona querida nos deja en un terreno desconocido: lo único que sabemos es que la amamos, y el dolor que nos embarga muestra la intensidad de ese sentimiento. Si confiamos en que el vínculo del amor es indestructible, pueden discurrir distintas formas de comunicación después de la muerte: experiencias de toda índole, casualidades, sueños especiales, olores, señales... No todas

> las personas tienen la misma percepción o capacidad para experimentarlas y entenderlas. Los demás debemos aprender a confiar sin juzgar.*

Josep Maria y el mensaje del móvil

Josep Maria tenía treinta y dos años cuando falleció en un trágico accidente de coche. Sus familiares, con la intención de proteger a su madre del impacto, le sugirieron que no viera el cuerpo, que lo recordara tal como era en vida. Pero ella, con el dolor de una madre, sintió que necesitaba verlo una última vez, abrazarlo y despedirse. Años después, reconoce que fue la mejor decisión que pudo tomar: esos últimos besos y abrazos serían el recuerdo más íntimo que la acompañaría para siempre.

Su hijo era un hombre generoso y de vida sencilla. Josep Maria estaba enamorado, y él y su novia tenían planeado casarse ese verano. Tras su muerte, su madre, heredera de esa misma generosidad, mantuvo una relación cercana con la que habría sido su nuera. Un día, con profunda ternura, le dijo:

—Cásate, ten hijos, y los querré como si fueran mis nietos.

Con el paso de los meses, la madre, rota por el dolor, vio cómo su salud se deterioraba lentamente. Dejó de cuidarse,

---

* Bonnie McEneaney, *Messages: Signs, Visits, and Premonitions from Loved Ones Lost on 9/11*, Nueva York, William Morrow, 2010.

perdió la energía para salir de casa, hacer la compra e incluso regar las plantas, que, como ella, comenzaban a marchitarse. El cuerpo, fiel reflejo del alma, empezó a dolerle: primero la espalda y luego cada rincón de su ser. El diagnóstico fue fibromialgia, pero ella sabía que ese dolor físico no era más que la manifestación del profundo sufrimiento emocional con el que cargaba.

Durante dos años asistió al Grupo de Duelo. Sus compañeros observaban con tristeza su lenta caída y cómo la luz se extinguía en ella con el paso de las semanas. Sin embargo, un día llegó a la reunión con una energía renovada y una emoción que no recordaban desde que la conocían. En ese momento, con los ojos brillantes y la voz temblorosa, les contó que la novia de Josep Maria la había llamado para decirle que había recibido un mensaje de texto desde el móvil de él que contenía las letras que solía enviarle: «T.Q.M.» (te quiero mucho).

La madre, conmovida pero también incrédula, le comentó que el móvil de su hijo había quedado inservible desde el día del accidente, desconectado por completo. Aun así, buscaron la opinión de un experto en informática, que les confirmó que era imposible que ese teléfono, dañado y fuera de servicio, hubiera enviado el mensaje, pero allí estaba.

Ambas intentaron buscar una explicación racional, pero el acontecimiento desafiaba cualquier lógica. En cualquier caso, decidieron no contárselo a nadie más, temiendo que las tomaran por desequilibradas.

TESTIMONIOS DE EXPERIENCIAS ESPECIALES 151

> **Reflexión.** La madre compartió la experiencia con el Grupo de Duelo, donde encontró comprensión y apoyo. Desde ese día, algo en ella cambió. Aunque el dolor por no poder ver ni abrazar a su hijo seguía presente, sintió que, de algún modo, él estaba bien, que detrás de la oscuridad había una luz, una esperanza. Esa creencia le dio fuerza, ilusión y, aunque seguía sufriendo, empezó a vivir con la certeza de que, tal vez, algún día volvería a encontrárselo.

José Antonio y la luz

José Antonio tenía cuarenta y tres años cuando el cáncer de hígado le arrebató la vida. Había sido un hombre muy optimista y trabajador, de esos que no dejan que el día acabe sin una sonrisa o un momento alegre. Una de sus grandes pasiones era el baile de salón, que compartía con su pareja. La música llenaba sus vidas y, tras cada clase, no podían resistirse a seguir bailando, incluso en la cocina, mientras preparaban la cena. Los pasos fluían, y la complicidad entre ellos crecía con cada giro y cada melodía. Eran una pareja tan unida que, incluso en las competiciones, llegaron a ganar premios. Sin embargo, su verdadera recompensa era el amor que fortalecían a través del baile.

José Antonio tenía algo especial, un brillo en su forma de enfrentarse a la vida. Cuando los médicos le diagnosticaron la enfermedad, a pesar del miedo inicial, lejos de derrumbarse, decidió vivir con gratitud, apreciando cada nuevo amanecer como un regalo. Dos meses antes de su muerte, una mañana compartió con su pareja un sueño que lo había dejado profundamente conmovido. En él había visto una luz blanca, intensa y serena que le transmitió una paz indescriptible. Era como si hubiera podido vislumbrar algo más allá, algo tan bello y especial que apenas encontraba palabras para expresarlo.

Ese sueño cambió su manera de vivir los últimos días. El miedo desapareció, y, en su lugar, surgió una calma inesperada. Cada visita al médico, cada paso hacia lo inevitable, lo vivía con serenidad. Para él, la muerte ya no era algo temible, sino otra parte del camino. Esa paz también fue un consuelo para su pareja, que lo acompañó con el mismo valor y amor que habían compartido durante toda su vida juntos.

José Antonio, sabiendo que el final estaba cerca, quiso dejarlo todo en orden. Llamó a un amigo abogado y hablaron sobre sus últimos deseos. Le entregó una carta escrita a mano y le pidió una sola cosa:

—Cuida de que me den los calmantes suficientes para llegar al final siendo yo mismo.

Solo deseaba morir con la misma dignidad con la que había vivido. Dos días después, José Antonio falleció en paz, rodeado por el amor de su compañera de vida.

Tras su muerte, su pareja, aún sumida en el dolor, pronunció unas palabras que reflejaban lo que había sido vivir junto a alguien tan extraordinario.

—Perder a tu marido es perderlo todo. Es empezar de la nada, pero con la certeza de que, en su compañía, lo tuviste todo.

Reflexión

A menudo el sepulcro encierra, sin saberlo,
dos corazones en el mismo ataúd.

ALPHONSE DE LAMARTINE

Manel

Manel tenía cincuenta y siete años cuando murió de manera inesperada, víctima de un infarto de miocardio, mientras cenaba en casa. En aquel momento comprendió que su vida llegaba a su fin y dedicó una mirada a su esposa con una expresión de profunda complicidad, dulce e inolvidable. Su corazón dejó de latir y, aunque hicieron todos los esfuerzos posibles por reanimarlo, el problema era demasiado grave y no pudo recuperarse. A pesar de la angustia, su esposa sintió en aquella última mirada un claro mensaje: «Tranquila, estoy en paz».

Era un hombre de fuerte carácter, querido y respetado por los que lo conocían. En su trabajo como gestor, se mostraba riguroso y exigente, pero, en casa, era un padre querido por sus tres hijos, que lo admiraban muchísimo. Con el paso del tiempo, su familia comenzó a notar que su muerte estuvo marcada por ciertas coincidencias, como el hecho de que falleciera un día veintisiete, su número favorito. Además, en el último año de vida, su comportamiento había sufrido una importante transformación. Aquel Manel firme y a veces implacable había dado paso a un hombre mucho más afectuoso y cercano, en especial en su manera de comunicarse y expresar el cariño. Tanto fue así que, en varias ocasiones, su esposa y sus hijos llegaron a comentar que parecía vivir una especie de metamorfosis.

Durante ese último año, Manel se volvió sorprendentemente complaciente y tolerante. Donde antes se quejaba por pequeñas cosas, dejó de hacerlo. Su prioridad pasó a ser el bienestar y la protección de sus hijos, consintiéndolos en todo lo que podía. Siempre había sido un buen padre, aunque de forma reservada. Sin embargo, lo que más llamó la atención de su familia fue que, tras años de dificultad para decir «te quiero», esas palabras comenzaron a fluir con una naturalidad que nunca habían visto. Sus «te quiero» se convirtieron en un regalo, una muestra diaria de afecto que transformó por completo su relación familiar. Era como si vivieran con una versión mejorada de él, un Manel más abierto y amoroso.

El hijo mayor, que siempre había sentido un profundo respeto por su padre, nunca se había atrevido a discutir con él. Sin embargo, durante aquel año, Manel priorizó pasar más tiempo con su hijo y compartir momentos que no solían tener.

El día en que murió, su hijo tenía que trabajar en el turno de noche. Como era su costumbre, antes de salir fue a despedirse de su padre, que estaba trabajando en su despacho. Después de cerrar la puerta, sintió una necesidad inexplicable de volver. Entró de nuevo y, durante unos segundos, lo observó en silencio, como si algo dentro de él le hubiera dicho que debía grabar esa imagen en la memoria. Aunque no entendía por qué lo había hecho, agradecía tener ese último recuerdo de su padre.

Esa misma tarde ocurrió algo aún más sorprendente: Manel, que jamás habría faltado a un partido del Barça, decidió acompañar a su esposa a hacer la compra. Ella, asombrada, lo recordaba con cariño: «¡Nunca se perdía un partido del Barça!». Estos detalles hicieron que la familia comenzara a preguntarse si, de algún modo inexplicable e inconscientemente, Manel sabía que su final estaba cerca o si solo era una cadena de coincidencias.

Conocí a la familia de Manel pocos días después de su muerte, cuando se unieron al Grupo de Duelo. Jamás olvidaré aquella tarde. Entraron en la sala cuatro personas rotas por el dolor, una madre y sus tres hijos. Como con cualquiera que se une al grupo, les di la bienvenida con un abrazo. Sin embargo, tras abrazar a la esposa de Manel, sentí un dolor punzante en la parte interna del cuello, un dolor que iba en aumento y que me impedía tragar y hablar con normalidad. Desconcertada, terminé la sesión con gran esfuerzo y regresé a casa, deseando tomarme algo que aliviara esa sensación tan intensa.

Al llegar, le conté a mi marido lo que había sucedido sin encontrar una explicación. Me sentía agotada, así que decidí irme a la cama, intentando comprender lo que me había pasado. Tendida en la cama con los ojos cerrados, lo primero que vino a mi mente fue la foto de Manel que su familia me había mostrado. Entonces comprendí que no podía ser una coincidencia.

Necesitaba hablar con él. No perdía nada, así que, con el pensamiento, me dirigí a Manel: «Entiendo el dolor que sientes por una muerte tan inesperada, pero si sigo sintiendo este dolor en mi cuerpo, no podré hacer mi trabajo ni ayudar a tu familia». Apenas terminé de formularlo, el dolor desapareció y mi voz volvió, clara y normal.

Me quedé tan asombrada que, con lágrimas en los ojos, le di las gracias a Manel. Me levanté de un salto y bajé las escaleras emocionada mientras pensaba: «Y ahora, ¿cómo le explico esto a mi familia?».

Reflexión. Han pasado ocho años desde entonces, y aún me resulta difícil admitir que todo fuera algo casual, pero ¿qué podía ser si no?

Aun habiéndolo vivido, ni encuentro una explicación ni deseo que nadie me la dé. No es agradable que digan que es por la fuerza de la mente. Puedo asegurar que esta, precisamente, no tenía ningún papel en todo aquello.

Marta: «Estoy a tu lado, estoy a vuestro lado»

Marta era una mujer vital, generosa, superviviente de muchos golpes en la vida. Tenía una preciosa hija de diez años, pero hacía unos meses había quedado viuda de forma inesperada. Su marido padecía, sin saberlo, una alteración genética que fue provocando unas lesiones cardiacas incompatibles con la vida.

TESTIMONIOS DE EXPERIENCIAS ESPECIALES 157

Meses antes se encontraba ingresado en un hospital donde le estaban haciendo diversas pruebas, pero todo ocurrió muy deprisa y de forma repentina. A los pocos minutos de que Marta llegase al hospital, murió, como si la estuviese esperando para hacerlo a su lado. Casi no tuvo tiempo de dejar el bolso: con una última mirada, le hizo saber que la vida se le escapaba por momentos, que no podía hacer nada y que se despedía de su amada compañera.

La enfermedad de su marido no podía quedar sin aclarar, pues así lo habría querido él. Una vez descubrieron el problema, el objetivo principal de Marta fue saber en qué grado podían estar afectados tanto su hija como el hermano de su marido.

Era una mujer con una personalidad desbordante, de carácter serio y riguroso, pero a la vez afable y tierno. Decidió formar parte del Grupo de Duelo e intentó encontrar suficientes espacios para llorar y añorar a su amado compañero de vida. Sin embargo, su preocupación iba más allá del dolor y no le permitía desfallecer, así que tomó la sabia decisión de hablar claramente conmigo de lo que había sucedido.

Este fue su relato:

—Xusa, te explicaré lo que no se puede contar en mi mundo, porque ya sabes que pensarían que no estoy en mis cabales. Acudí al hospital el 2 de febrero para la extracción de la muestra de sangre a la niña —para saber si tenía el problema genético de su padre—, y cuando el médico que descubrió su enfermedad me vio preocupada, conocedor del año que estoy viviendo, me dijo que en cuanto tuviera los resultados me llamaría. Días después, la noche del 7 de febrero, soñé con mi marido de una forma muy real, extraordinariamente real. No recordaba qué había soñado, pero sabía que estaba muy contento. Me dijo que no me preocupara, que la niña estaba bien. A las nueve de la mañana, justo al entrar por la puerta del trabajo, recibí la llamada del médico, y me confirmó que no había ni rastro de la enfermedad. Yo no sabía cuándo estarían los resultados de los análisis, pero mi marido sí, y mira tú por dónde, me lo dijo en el sueño.

Por el contrario, su cuñado, el hermano de su marido, había heredado la misma patología. Desde siempre, los dos se habían querido mucho y estaban muy unidos. El hecho de descubrir la enfermedad a tiempo permitió darle rápidamente un tratamiento y controlar los graves problemas que podían derivarse de ella. La casualidad fue que, para empezar el tratamiento, le dieron cita el mismo día y a la misma hora en que murió su hermano un año atrás.

Ante la casualidad de la fecha, los amigos de Marta le aconsejaron que no acompañara a su cuñado, pues preveían que sería un día muy triste y duro para ella. Ella, en cambio, quiso ir, porque se lo tomó como una preciosa señal que para nada era una casualidad. Fue como si su marido le dijera a su hermano: «Estoy a tu lado, estoy a vuestro lado». Meses después, la enfermedad del cuñado de Marta estaba controlada y su vida, fuera de peligro.

Ya han pasado dos años y Marta continúa diciendo, muy segura:

—A las personas que, como yo, hemos vivido este drama, lo que más nos ayuda es saber que ellos están con nosotros,

TESTIMONIOS DE EXPERIENCIAS ESPECIALES 159

y eso es lo que he aprendido. No lo puedo ver ni abrazar, pero tengo muy claro que nos envía señales.

> **Reflexión.** Marta recordará a su marido hasta su último suspiro.
>
> La muerte no existe, la gente solo muere cuando la olvidan; si puedes recordarme, siempre estaré contigo.
>
> Isabel Allende

David y el día que se hizo la cama

De pequeño, en el colegio, a David lo llamaban el Huesitos porque era muy delgado. Le gustaba hablar mucho y de forma acelerada, y era un experto en poner apodos y hacer trampas con las cartas y el dominó. Era un chico extrovertido, generoso, afectuoso y muy querido por los que lo conocían. David tenía solo diecisiete años cuando murió atropellado. A pesar de ser una muerte súbita e inesperada, hay algunos aspectos de su vida que, analizados *a posteriori*, no nos dejan indiferentes.

Una pareja de edad avanzada iba circulando con el coche mientras discutía. Como estaban peleándose, el conductor no se dio cuenta que la carretera llegaba a una bifurcación, siguió en dirección contraria y arrolló a David, que volvía a casa con su moto, a la hora de la cena.

Desde entonces, la familia del chico se sumergió en un mar de despropósitos. Algunas instituciones, algunos profesionales y el sistema judicial —en su caso, insensible— con los que tuvieron contacto los arrastraron a uno de los procesos de duelo más largos y dolorosos que he conocido. Pilar, la madre de David, estuvo en el Grupo de Duelo durante cuatro años.

Una experiencia que nunca olvidará fue lo que ocurrió en el hospital poco después del accidente, cuando una de sus cuñadas le dijo con frialdad:

—Tienes que portarte bien y no chillar.

Durante tres días, el cuerpo de David permaneció en una nevera de la morgue, frío y solo, esperando la autopsia. Aunque la policía les había informado de su muerte, no permitieron que sus padres lo vieran, argumentando que era lo mejor, dado el estado de shock en que se encontraban. Pilar, incapaz de pensar claramente en esos momentos, se dejó guiar por los consejos de los demás. Al final no pudo ver ni despedirse de su hijo y, meses después, ese hecho la estaba llenando de rabia y culpa.

Tras el funeral, la familia tuvo que lidiar con un interminable proceso judicial: abogados, aseguradoras y términos que no entendían. Su única petición era que se hiciera justicia, que se aplicara una pena de prisión ejemplar. No buscaban una compensación económica, ya que ponerle un precio a la vida de su hijo era impensable. Después de cinco años de juicios y recursos, consideraron maldito el dinero que recibieron, manchado de sangre. Jamás quisieron tocarlo, porque, para ellos, llevaba el nombre de David.

A pesar del tiempo que tardó en pronunciarse la sentencia, el responsable de la muerte de David nunca los llamó para saber cómo estaban o mostrar arrepentimiento. Pilar siempre dijo que le habría gustado recibir una disculpa, una señal de humanidad. El dolor de la pérdida dejó marcas profundas en la familia, especialmente en la madre, que, con el tiempo, desarrolló problemas de movilidad que fueron empeorando. Cuatro años después del accidente, Pilar fue evaluada para determinar su discapacidad. Antes de la resolución, tuvo una entrevista con una joven psicóloga.

—¿Cuántos años hace que murió su hijo? —le preguntó, fría y distante.

—Cuatro años —respondió Pilar al tiempo que le entregaba los informes del Grupo de Duelo y el ambulatorio.

—¿Sirve de algo eso del Grupo de Duelo? —quiso saber la psicóloga, sin mostrar empatía alguna.

—Sí. Desde que asisto, puedo hablar de mi hijo y llorar sin miedo —contestó Pilar con voz temblorosa—. Antes pensaba que nadie me comprendía, pero ahora me siento mejor.

Ante su explicación, la psicóloga rompió los informes delante de ella.

—Usted lo que tiene que hacer es salir más y llorar menos —dijo.

No podemos asegurar que el mensaje de la profesional fuera justo ese porque nadie más estaba allí con ella, pero lo importante es que eso es lo que Pilar recordará siempre. Por eso es fundamental que los profesionales relacionados con la salud traten a las personas con sensibilidad y empatía, en especial en momentos de gran vulnerabilidad. Un trato humano y respetuoso, que promueva una atención centrada en la dignidad y el respeto basado en valores esenciales, puede marcar la diferencia en lo que viven quienes atraviesan situaciones muy complicadas.

Es posible que alguna vez sintamos que, como profesionales, no podemos acompañar a una persona que se encuentra en una situación determinada. Por ello es importante contar con el apoyo de alguien cercano que pueda hacerlo en nuestro nombre.

Durante su tiempo en el Grupo de Duelo, Pilar compartió muchos recuerdos de David. Contó que, días antes del accidente, había notado a su hijo más cariñoso, pero al mismo tiempo pensativo y triste. Cuando le preguntó qué le pasaba, él le confesó que le preocupaba la idea de envejecer y morir. En ese momento, Pilar no le dio importancia, pero, después de su muerte, esas palabras volvieron a ella con fuerza. ¿Sabía David que iba a morir? ¿Lo dijo por casualidad?

Como muchos chicos de su edad, David era desordenado. Pilar solía decirle todos los días: «David, haz la cama antes de irte», pero casi siempre era ella la que acababa haciéndola. La tarde del accidente, David le pidió: «Mamá, avísame cuando lleguen mis amigos», y se quedó dormido.

Pilar entró en su habitación y, al verlo, lo tapó con una manta porque le pareció que tenía frío.

Días después del accidente, Pilar, con la emoción contenida, volvió a entrar en la habitación de David y lo que vio la dejó sin palabras. Por primera vez en su vida su hijo había hecho la cama antes de salir de casa por última vez. A pesar de todo el dolor, ese pequeño gesto fue un consuelo inesperado, un último regalo de su hijo en medio de tanto sufrimiento.

Reflexión. Pudo ser algo casual, sin duda, pero lo cierto es que para sus padres fue una señal muy especial que les ha ayudado en su camino. Las casualidades, o lo que interpretamos como señales, pueden ser momentos inesperados de alivio durante el tiempo de duelo tras la muerte de un ser querido. En medio del dolor y la confusión, consuelan y ofrecen la sensación de que la persona fallecida sigue de alguna manera presente. A veces, un objeto especial, una canción que suena en el momento justo o un encuentro fortuito se interpreta como un mensaje simbólico que ayuda a aliviar el sentimiento de pérdida.

Estas coincidencias o casualidades pueden dar sentido al caos y ofrecer una conexión emocional o espiritual que nos permita enfrentarnos a la tristeza con mayor serenidad. Suelen darse durante el primer año de duelo, y representan una bocanada de aire fresco que alivia el ahogo. Al sentir que no todo ha terminado, que aún existe una forma de presencia en su vida cotidiana, las personas en duelo encuentran una manera de seguir adelante, se sienten menos solas.

Además, estas casualidades ayudan a reflexionar sobre el legado que ha dejado el ser querido. A través de esos pequeños detalles, la vida parece entrelazarse con el recuerdo proporcionando una fuente de paz. Aunque no pueden remplazar la ausencia, permiten encontrar un sentido

> renovado al vínculo, donde la admiración y el asombro
> siguen formando parte de la vida.

Mari Carme y el pájaro

Era medianoche cuando Mari Carme tuvo un sueño espantoso en el que se veía a sí misma llena de sangre. Se despertó de golpe, sudada y confundida, buscando la sangre en su cuerpo y, sentada con angustia en la cama, llamó a su marido, Isidre, que dormía tranquilamente, ajeno a su vivencia. Como había pasado tan mala noche, por la mañana él prefirió que no lo acompañara al pueblo vecino a hacer las compras para dejarla descansar. No quería despertarla, así que tampoco le dio su acostumbrado beso de despedida.

A mediodía, mientras estaba volviendo a casa, el coche de Isidre se precipitó por un barranco. Murió de forma accidental, sin testigos que pudieran avisar a Mari Carme o socorrerle.

Las horas pasaban e Isidre no volvía a casa, así que ella pidió auxilio al cura de su pueblo, que hizo tocar las campanas de la iglesia, y todo el mundo se movilizó al instante. Poco antes de que cayera la noche, encontraron el vehículo y a Isidre sin vida.

La secuencia de noticias, circunstancias y eventos que ocurrieron después complicaron el inicio del duelo de Mari Carme. Sin poder ver el cuerpo de su marido, no podía creer la noticia. «No puede ser —se repetía. Y se preguntaba—: ¿Y si se han equivocado y no es él?».

El interminable tiempo para hacer la autopsia, la burocracia mal resuelta de competencias entre funerarias y otros obstáculos no hicieron más que añadir dolor y trastorno donde ya lo había a manos llenas. Por fin, después de varios días, se pudo celebrar el funeral. Como Isidre era muy conocido y querido, los vecinos de muchos pueblos de alrededor acudieron a despedirse.

Una semana más tarde, Mari Carme casi no podía andar. El peso y el dolor de su cuerpo eran inmensos, su cabeza no podía contenerlos, pero un pensamiento aparecía constantemente: «¿Por qué, antes de irte, no me diste un beso, como siempre?». Ese beso no dado se estaba convirtiendo en una piedra muy pesada para ella, y muchos sentimientos de culpa repicaban como martillos en su interior. «Si hubiera ido con él, quizá estaría vivo, quizá podría haberlo ayudado...», se repetía.

Pasaron las semanas y Mari Carme se convirtió en una autómata que miraba sin ver y escuchaba sin oír. Se encontraba en una nube, y no podía creer lo que estaba viviendo. Los pensamientos no paraban de bullir en su cabeza, y no comprendía nada de lo que los demás le decían: «Tranquila, tu marido no sufrió» o «Tienes que ser fuerte y pensar en tus hijos, que también lo están pasando mal».

Durante meses siguió viviendo en un torbellino de pensamientos que no compartía con nadie, ni con sus dos hijos que vivían fuera de casa, pues estaba convencida de que no la entenderían y podrían llegar a pensar que había perdido la razón. Los vecinos que se acercaban a saludarla cuando salía a comprar deseaban animarla, pero ella no quería que nadie la distrajera de lo que estaba viviendo. Necesitaba aprender a convivir en un mundo sin colores, con un cuerpo amputado, con su alma rota y partida en mil pedazos.

Se sentía triste y sola, no quería quedarse en casa, pero tampoco salir ni ver a nadie. Oía ruidos por todas partes, la madera del suelo crujía. Miraba bajo la cama, detrás de las puertas..., y se dio cuenta de que esa casa era demasiado grande para ella sola. Pero era la que habían creado juntos, la amaba. ¿Dónde iba a ir?

Entonces la soledad y la desesperanza la llevaron a pedirle a Isidre una prueba de que, aunque la muerte se lleve a quien más amas, después de la vida hay algo. Solo quería saber que él estaba bien, que quedaba alguna esperanza de luz que la ayudara a seguir en aquel tortuoso camino, y necesitaba recibir una señal de que su compañero de vida no se había ido del todo, dejándola en la más cruda soledad.

Empezó pidiéndole que volviera a la vida, pero, al darse cuenta de que era imposible, le exigía que moviera un cuadro, rompiera una figura o cerrara una puerta.

—¡Haz algo, por favor! —le decía, pero nunca ocurría nada.

Se encontraba sola. Tenía que acostumbrarse a vivir sin él, como muchas otras personas jóvenes que se quedan sin su amada pareja.

Aquella mañana, después de unas semanas, decidió visitar el cementerio al que no había vuelto desde el día del entierro. Al llegar, se acercó a la tumba de Isidre para limpiarla, y entonces, arrodillada frente a la lápida, tuvo la sensación de volverse loca. Las lágrimas de dolor se convirtieron en un torrente desbordado, y la pregunta constante era: «Y ahora, ¿cómo podré vivir sin ti?».

De pronto apareció un pajarito revoloteando delante de ella y, sin apenas reaccionar, lo miró asustada, sin comprender nada porque todo estaba pasando muy deprisa. En ese momento, el pájaro se acercó más a ella, que seguía arrodillada y confundida, y este posó el pico en los labios de Mari Carme. ¡El pájaro le había dado un beso!

Se quedó tan sorprendida que no podía creer lo que había sucedido, pero cerró los ojos y sonrió al darse cuenta de que había recibido el mejor de los regalos. Para Mari Carme, aquel pájaro era su querido Isidre, que había ido a decirle cuánto la amaba y a obsequiarle con el último beso, el que no pudo darle.

No le contó a nadie lo que vivió, pues no quería que la gente juzgara o se burlara de un hecho tan extraordinario para ella. Aquel pajarito la ayudó a que el intenso dolor fuera algo más amable, y su recuerdo la ha acompañado en los momentos más difíciles.

Reflexión. Cuando las personas, de cualquier edad, comparten señales extraordinarias relacionadas con la muerte de un ser querido, no inventan lo que viven. La mayoría de estas manifestaciones se caracterizan por aparecer durante los primeros meses tras la muerte, tienen relación con muertes inesperadas en las que no ha sido posible despedirse y dejan sosiego a quien las percibe.

Me pregunto: ¿a cuántos se nos ha acercado un pájaro y nos ha dado un beso en los labios? ¿Es una casualidad lo que vivió Mari Carme? Quizá sí, pero ¿no será que llamamos «casualidad» a todo lo que escapa de lo racional, lo material, lo mesurable, lo que no somos capaces de explicar? Muchas de las casualidades que vivimos y nos sorprenden, ¿podrían ser mensajes o señales?

Sea cual sea la respuesta, lo cierto es que Mari Carme siempre fue una persona realista que analizó una y otra vez lo que había experimentado y negó que se tratara de una alucinación. Había vivido algo tan excepcional que prefirió guardar el secreto por miedo al qué dirán. Ese tierno secreto la ayudó muchísimo, y le agradezco el honor de ser depositaria de él. Me siento muy agradecida y afortunada de que me mostrara su tesoro.

Josep Maria y el pájaro

En el último mes, la vida de Josep Maria y su familia había estado llena de alegría: celebraban la llegada del primer nieto. Josep Maria y su esposa tenían dos hijas siempre atentas con sus padres: Anna, la mamá del bebé, y Andrea, la más pequeña. Sin embargo, esa felicidad se desvaneció cuando, una semana después del nacimiento, Josep Maria falleció trágicamente en un accidente de moto.

Días antes de su muerte, Josep Maria y su esposa asistieron al funeral de un familiar. Esa ocasión lo llevó a reencontrarse con sus padres después de tres años sin verse: compartieron la comida y conversaron sobre su vida, reviviendo momentos que habían quedado atrás. Esa noche, Josep Maria estaba radiante de felicidad por haber podido estar con ellos. El domingo por la mañana, como era costumbre, se reunió con su grupo de moteros para salir de excursión. Sin embargo, en una carretera que conocía bien, perdió el control de la moto y sufrió un accidente fatal.

Una semana antes de la tragedia, Andrea, la hija menor, comenzó a experimentar una sensación inquietante, un temor inexplicable de que no volvería a ver a su padre. Hacía poco, Josep Maria la había acompañado en su coche nuevo hasta Alicante y, mientras lo despedía desde la acera, la invadió un presentimiento: la imagen de su padre diciéndole adiós la llenó de miedo. «¡Qué tontería!», pensó, pero no pudo contener las lágrimas. Poco después, la peor de sus intuiciones se hizo realidad.

Cuando Andrea recibió la noticia del accidente, no podía asimilarla. El dolor la abrumaba. Dejó su trabajo en Alicante y volvió a casa, pero esa vez para despedirse de su padre para siempre. Guardó en silencio el presentimiento que había tenido, sintiéndose culpable por no haber dicho nada. «¿Qué habría pensado él? —se preguntaba—. Quizá se habría reído».

Mientras se preparaba para el funeral, un pajarito se posó en su ventana y la observó fijamente. No se movía, y Andrea, sorprendida, sintió que estaba ahí por alguna razón. Cuando salió de la habitación, el pájaro se fue.

Habían pasado dos años desde la muerte de su padre. En una sesión del Grupo de Duelo, le pregunté a Andrea:

—¿Quién era ese pajarito?

—Era mi padre —respondió sin dudarlo—. Vino a despedirse de mí.

Aquella experiencia, que nunca había contado ni siquiera a su familia, la ayudó a encontrar consuelo. Cada vez que el dolor la asaltaba, pensaba en ese pájaro y sentía que su padre seguía a su lado, cuidándola. Estaba convencida de que, sin importar dónde estuviera, Josep Maria siempre la acompañaría en cada paso de su vida, aunque se marchara a trabajar al otro lado del mundo.

> **Reflexión.** Las señales tienen valor para la persona que las percibe, ya sea en sueños o despierta, y reportan paz, consuelo y una sensación de conexión. Lejos de producir temor, ayudan a los dolientes a sanar y avanzar en su duelo.

María, Jacinta y la mariposa

Jacinta y María eran amigas desde siempre: ninguna hacía nada sin contárselo a la otra, y sus vidas transcurrían en sintonía. De pronto, un día le diagnosticaron un cáncer a Jacinta. Se puso muy enferma, pero, a pesar de ello, superó las dificultades, luchó por la vida y la disfrutó como nunca. María la acompañaba en cada visita y tratamiento, y sentía que cada día la quería más por lo mucho que luchaba por vivir.

Tras muchas sesiones de quimioterapia, su cuerpo estaba muy cansado y con pocas energías para continuar luchando, así que la ingresaron en un centro de paliativos para que pudiera tener un final de vida tranquilo y controlar el dolor. Eran las fiestas de Navidad, concretamente la noche de San Esteban, cuando María recibió en el móvil una llamada de Jacinta; al descolgar, nadie contestó. Solo pudo oír una leve respiración y se cortó. Le devolvió la llamada, insistió varias veces, pero no recibió respuesta.

Por la mañana, María llamó al hijo de Jacinta para preguntarle si sabía algo de su madre, pues no contestaba al móvil, y él le respondió:

—Esta noche han empezado la sedación de mamá. Ha tenido el teléfono en la mesilla, pero estaba inconsciente y no se podía comunicar.

Días después, Jacinta murió con la misma sencillez con la que había vivido. Cuando María, triste y abatida, llegó a casa después del entierro, al salir del ascensor vio que sobresalía un trozo de madera del marco de una ventana del descansillo. Se acercó para retirarlo, pero, al tocarlo, se movió y, de repente, una preciosa mariposa abrió las alas. En un primer momento se asustó, sorprendida.

Aunque la tocara con la mano, la mariposa no se marchaba, así que pensó que esperaría a que subieran su hija con su nieta para enseñársela. Cuando la niña vio la mariposa, las dos se fijaron en lo preciosa que era, con rayas de color blanco y marrón en las alas.

La nieta entonces la tocó y la mariposa salió volando hasta los pies de la hija de María. A continuación, esta le dijo:

—Mamá, ¿y si fuera Jacinta?

Esas palabras provocaron en María una leve sonrisa. Tomó la mariposa con las dos manos y el insecto, lejos de intentar escapar, solo se fue cuando lo invitaron a volar por la ventana.

María sintió satisfacción y plenitud: era una señal y un regalo de Jacinta, sobre todo teniendo en cuenta que pocas mariposas viven en invierno.

Una semana después de la muerte de su amiga, mientras María y su marido estaban durmiendo, él se despertó sobresaltado y le preguntó a su mujer si lo había llamado varias veces. Sabía que había oído la voz de Jacinta, pero le costaba creer que la hubiera escuchado con tanta claridad.

Días después, otra amiga de Jacinta decidió contarle a María lo que había vivido: un día iba caminando afligida por la calle y necesitó hacerle una petición:

—Jacinta, ¿por qué no te manifiestas? Estoy muy triste.

Al llegar a casa con las bolsas de la compra, su marido la llamó:

—Ven, mira lo que hay aquí.

Mientras se acercaba, él le dijo que no la asustara, como siempre hacía con los caracoles o las babosas, que le daban mucho asco. Insistió tanto que acudió rápidamente: apoyada en el cristal interior de la ventana, en pleno invierno, había una preciosa mariposa.

Entonces brotó de su interior una inmensa emoción junto con sentimientos de plenitud, satisfacción y agradecimiento a Jacinta. Prefirió no hablarle a su marido de lo que le había pedido a su amiga, ya que pensó que seguramente no la creería, pero era demasiado bonito como para que nadie estropeara algo tan mágico y especial.

Desde la muerte de Jacinta, María ha recibido muchas veces la visita de mariposas de color blanco que vuelan a su alrededor durante unos instantes y luego se van. Esas visitas compensaron un poco su tristeza y añoranza.

> **Reflexión.** María está convencida de que después de vivir existe un secreto muy bien guardado.
>
> En otro tiempo, intenté convencerme de que no hay vida después de la muerte, pero me he descubierto incapaz de hacerlo.
>
> DOUGLAS COUPLAND

Marta y Lluís

Marta siempre había emanado naturalidad. De apariencia delicada y frágil, creció feliz y tranquila junto a sus padres y su hermana. Sin embargo, desde pequeña, la asaltaban miedos nocturnos que la convirtieron en una niña asustadiza. Aunque en su vida adulta no recordaba haber tenido experiencias extrasensoriales, todo cambió después de casarse y ser mamá, pues comenzó a percibir cosas que no comprendía.

Tras el nacimiento de su hija, Marta decidió quedarse en casa para cuidar del hogar y de su pequeña. Se sentía plena con la vida familiar que habían construido. Su esposo, Lluís, tenía la costumbre de despedirse con un beso cada mañana, antes de irse a trabajar. Un día, mientras Marta estaba en la cama, sintió como si alguien se sentara a su lado, presionando el colchón, observándola. El miedo de su niñez regresó, así que cerró los ojos y esperó a que esa sensación desapareciera pronto.

Con el tiempo, esa presencia se hizo habitual, pero Marta nunca se atrevió a abrir los ojos. Lo curioso fue que no solo lo sentía en la habitación, sino en diferentes lugares de la casa. Era algo que ya formaba parte de su vida. Un día, incapaz de guardarlo en secreto, decidió contarle a Lluís sus percepciones y, sorprendido, la escuchó con atención.

Poco después, otro suceso dejó perpleja a Marta. Su hijo había salido a montar en bicicleta, y, apenas se fue, Marta tuvo un mal presentimiento. En ese momento, le dijo a su esposo:

—Ahora nos llamarán para decirnos que alguien ha roto la bicicleta del niño.

Y así fue: minutos después, recibieron una llamada. Aunque el niño estaba bien, el incidente dejó a Lluís pensativo. Medio en broma, medio en serio, solía decirle a Marta:

—Eres como una bruja.

Ese tipo de coincidencias continuaron, pero nunca lo compartían con nadie; era algo que se quedaba entre las paredes de su hogar. Hasta que un día la tragedia los golpeó de la manera más inesperada. Lluís, que siempre iba y volvía del trabajo haciendo *footing*, fue atropellado por un todoterreno conducido por cuatro jóvenes. A pesar de que era un hombre atlético y estaba en forma, murió al instante.

TESTIMONIOS DE EXPERIENCIAS ESPECIALES

Lo más inquietante fue que el año anterior Marta había soñado con la muerte de su esposo tal y como ocurrió. El día del accidente, una hora antes de que la policía la llamara, ella lo había sentido en su interior: «Un coche ha atropellado a Lluís». El dolor fue inmediato, profundo e indescriptible.

Los días siguientes fueron una lucha de David contra Goliat. Los padres de los chicos responsables del accidente contrataron a los mejores abogados y estos comenzaron a tergiversar los hechos. Alegaron que Lluís no llevaba elementos reflectantes, aunque Marta sabía que no era cierto, pues se había comprado ropa y zapatillas adecuadas una semana antes. Sin embargo, esas prendas desaparecieron misteriosamente, y la sensación de impotencia creció cuando el informe forense omitió detalles cruciales. Todo parecía confabularse en su contra.

Los meses y años que siguieron fueron insoportables para Marta. Sumida en el dolor, apenas encontraba fuerzas para tirar adelante. Llegó al Grupo de Duelo tres años después de la muerte de Lluís, incapaz de expresar el sufrimiento que llevaba dentro. Su voz, afectada desde poco antes del accidente, se había convertido en un hilo apenas audible, lo que le impedía comunicarse con normalidad. Los médicos le recomendaron una intervención en las cuerdas vocales, pero no le fue posible por el alto costo de la operación.

Pero ocurrió algo extraordinario: sin explicación alguna, su voz comenzó a mejorar. El médico que la había tratado, sorprendido por su recuperación, le dijo:

—La única explicación que encuentro es que tu marido

te haya curado. Nunca he visto una mejoría tan espontánea en un caso como el tuyo.

Marta no lo dudó ni un segundo. Para ella, fue Lluís, desde dondequiera que estuviera, quien la ayudó a recuperar la voz y seguir adelante.

Marta está convencida de que él aún la cuida, de alguna manera. Y aunque la muerte los separó físicamente, su amor y su presencia siguen siendo una fuente de fortaleza para ella.

> **Reflexión.** Cuando Marta empezó a formar parte del Grupo de Duelo, nos sedujo su forma de hablar, su dulce mirada y, en especial, su manera vivaz y armoniosa de mover las manos. Fue un privilegio conocerla. A su lado aprendimos el valioso valor de la sencillez y una lección de superación ante las mentiras y la injusticia.

María José

María José experimentó la tragedia más grande de su vida cuando su hija Cristina, de solo veintidós años, murió en un accidente de moto. En ese instante, el dolor paralizó su mundo y el de su marido, creando una grieta profunda que dividió sus vidas en un antes y un después.

Esta inesperada pérdida dejó a la familia sumida en una vulnerabilidad emocional abrumadora. Aunque intentaban mantenerse unidos, no sabían cómo seguir adelante. Hablar de Cristina era una necesidad, pero también una fuente de sufrimiento tan grande que preferían evitar el tema. Así, el dolor silencioso se fue acumulando hasta volverse insoportable, lo que los llevó a buscar ayuda profesional.

Con el tiempo y un gran esfuerzo, María José decidió transformar la habitación de Cristina. No lo hizo para idolatrar su memoria, sino para crear un espacio compartido donde pudiera permitirse sentir y procesar todo lo que emanaba de su alma. Ese cuarto, que aún conservaba el olor de su hija, se convirtió en un refugio para ella. Allí instaló su estudio, y encontraba consuelo al sentir que, de alguna manera, Cristina seguía cerca. Para lograrlo, María José tuvo que tocar y mover cada objeto que había pertenecido a su hija: ropa, cartas, escritos, fotografías y música. Cada objeto guardaba el eco de Cristina y, aunque la pena era profunda, sabía que debía encontrar un nuevo destino para esos recuerdos.

Desde la muerte de su hija, la familia comenzó a vivir momentos inexplicables. El día de Todos los Santos, mientras buscaba un jarrón para colocar una flor dedicada a su hija, encontró en su armario una rosa que antes no estaba allí. En otra ocasión sintió una brisa inusual que provenía de la habitación de Cristina. Al entrar, sorprendida, se dio cuenta de que las ventanas estaban cerradas, así que nada podía explicar esa corriente de aire. No eran capaces de darles una explicación racional, pero esas señales les hablaban.

Meses después, María José decidió donar la ropa de Cristina, convencida de que era lo que su hija hubiera querido. Tras meterla en bolsas y llevarlas al contenedor, sintió una necesidad repentina e inexplicable de recuperar una prenda en particular. Regresó corriendo a casa y, al vaciar las bolsas, encontró un bolso que le habían comprado en un viaje a Roma y que hacía mucho tiempo que había desaparecido. Para María José y su familia, aquello fue una señal, una especie de mensaje de Cristina. Ese bolso, que antes era solo un recuerdo, se convirtió en una herramienta clave para ayudarlos a transitar el dolor de su pérdida.

A través de pequeños momentos y señales, la familia comenzó a encontrar maneras de sobrellevar el duelo, con la certeza de que, de algún modo, Cristina seguía acompañándolos más allá de la vida.

Reflexión. Muchos padres, afligidos, cuentan que reciben señales inexplicables que, de algún modo, se convierten en un salvavidas emocional. Esos momentos, aunque difíciles de entender, les brindan consuelo y los ayudan a superar el inmenso dolor que los ahoga.

Solo el tiempo —y sobre todo lo que se hace con él— permite atravesar un proceso de maduración tan profundo que quienes lo han vivido o lo están viviendo reconocen que ya no son las mismas personas. El cambio es tan radical que a menudo resulta difícil reconocerse a uno mismo. Incluso la forma de expresar los sentimientos se transforma y desempeña un papel crucial en esta nueva realidad. Esa profunda transformación emocional explica por qué muchas parejas, tras una pérdida devastadora, terminan separándose. La carga es inmensa, y no todos logran sobrellevarla juntos.

Loli

Loli tenía cuarenta y dos años, y estaba soltera. Para ella, cuidar de sus padres le había dado sentido a la vida. Ambos tenían una edad avanzada y una frágil salud que ella vigilaba con atención. A pesar de los cuidados, dos días antes del cumpleaños de Loli, su padre murió. Lo enterraron al día siguiente.

Cada año, su padre tenía la costumbre de regalarle entre setenta y ochenta euros para que se comprara un capricho, ya que sabía que estaba pasando dificultades económicas y no se los podía permitir.

Loli pasó su cumpleaños tremendamente triste y abatida. Por la noche era incapaz de dormir. Cansada de dar vueltas en la cama, se levantó de madrugada, le puso la correa al perro y lo sacó a pasear. Vivía en una casita cerca de la casa de sus padres; para llegar a ella, tenía que cruzar un jardín, así que la puerta de entrada quedaba lejos de la calle.

En cuanto la abrió, se quedó helada: en el felpudo de la entrada de la casa había setenta y cinco euros. No podía dar crédito a lo que estaba viendo. No era un sueño, estaba despierta, y su corazón se aceleró. Recogió el dinero y se lo enseñó a su madre, pero nunca se lo gastó porque, para ella, fue el último regalo de su padre, una forma muy especial de despedirse que para ella tenía todo el sentido del mundo.

Este fue el relato que Loli, muy emocionada, compartió durante el tiempo que participó en el Grupo de Duelo.

> **Reflexión.** El padre de Loli fue a lo largo de su vida una persona generosa y sencilla, unas cualidades imprescindibles para seguir sorprendiendo a los seres amados.
>
> Toda persona en la vida termina de la misma forma. Son solo los detalles de cómo vivieron y cómo murieron lo que distingue a unas de otras.
>
> ERNEST HEMINGWAY

La matrícula del coche

Conocí a Mari Carmen cuando tenía cuarenta y seis años, en un momento en que sentía que su vida había dejado de tener sentido. Hacía unos meses se había quedado viuda de Juan, el amor de su vida, tras una relación feliz que compartieron junto a su hija. Al hablar de él, lo describía con cariño y nostalgia como un hombre generoso, sencillo, trabajador y con un sentido del humor refinado, que siempre encontraba la forma de hacerla reír.

Juan solía bromear con cariño sobre la poca memoria de Mari Carmen; le decía que, cuando se compraran un coche, pediría en el concesionario que las letras de la matrícula coincidieran con sus iniciales, porque ella nunca recordaría el número.

Tras la muerte de su marido, el dolor fue tan abrumador que Mari Carmen comenzó a olvidar incluso detalles cotidianos, como dónde guardaba los objetos o qué había ido a comprar en el supermercado. El dolor le había nublado la mente y el corazón. Cierto día el automóvil que habían compartido durante años comenzó a fallar. Aunque se resistía a cambiarlo porque lo asociaba con Juan, llegó un momento en que ya no le quedaba más remedio. La idea de estrenar un coche sin él la enfermaba de tristeza, pero tuvo que ceder a la necesidad. Sin fuerzas ni ánimos para centrarse en la compra, su hermana y su cuñado se encargaron de todo. Al salir del concesionario con el coche nuevo, su cuñado le dijo:

—Mari Carmen, ¿te has fijado? Las letras de la matrícula coinciden con vuestras iniciales. ¡Qué casualidad!

En ese instante, Mari Carmen recordó las palabras de Juan sobre la matrícula. No podía creer lo que estaba viendo. Sintió que era una señal, un pequeño guiño de Juan, desde donde estuviera, que le ofreció un inesperado consuelo. Esa coincidencia, para ella nada casual, le trajo un poco de paz y la ayudó a dar el primer paso en su camino de reconstrucción.

Reflexión. Podríamos llamarlo «casualidad», pero si con cada señal o coincidencia relacionada con la muerte de un ser querido cayera un grano de arroz del cielo, no habría hambre en el mundo.

Jesús y Mercedes

Jesús y Mercedes eran una de esas parejas que parecen estar destinadas a encontrarse, auténticas almas gemelas. Siempre soñaron con tener hijos, pero no pudieron. Aun así, su día a día estaba lleno de pequeños rituales que los unían. Uno de los mejores momentos era cuando él llegaba a casa después del trabajo y se sentaban juntos a disfrutar de una cerveza contemplando el jardín de la casa que tanto amaban.

Jesús tenía una empresa que fabricaba planchas para moldes, mientras que Mercedes encontraba la felicidad cuidando del hogar. Sin embargo, la empresa de Juan estaba atravesando una crisis cada vez más grave. Los impagos aumentaban y el trabajo escaseaba, lo que se convirtió en una preocupación constante para él. Las noches en vela, el cansancio acumulado y las molestias físicas lo llevaron al hospital, donde tuvo que quedarse ingresado para que le hicieran distintas pruebas. Rápidamente, comenzó a perder peso y a sentir una debilidad extrema. Apenas podía hablar.

Un día las enfermeras de la unidad de hospitalización donde estaba ingresado, preocupadas por la situación, me pidieron que los visitara. Conocí a Jesús y a Mercedes semanas antes de que él falleciera. Recuerdo ese entrañable momento como si fuera ayer, ya que, en nuestra primera conversación, él, con lágrimas en los ojos, me mostró un álbum de fotos de su casa, el jardín, cada rincón que había construido junto a Mercedes, como si esas imágenes contuvieran su historia de amor.

Por entonces no imaginé que Jesús moriría tan pronto, pero con el tiempo comprendí el profundo significado de sus palabras. La casa representaba la vida compartida con su mujer, pero, debido a la crisis en la empresa, sabía que no podrían conservarla. Jesús había decidido no contárselo a su esposa, y cargó con un sufrimiento que terminó afectando a su salud de manera irreversible.

Cuando falleció, Mercedes quedó emocional y económicamente devastada. Él lo había sido todo para ella. Durante meses, seguimos en contacto. Una de sus mayores angustias era la situación financiera: los problemas parecían no tener fin, y cada llamada del gestor traía peores noticias. Sin experiencia en el negocio, ella se vio obligada a indemnizar a los trabajadores. Lo que más temía era perder la casa, ese refugio lleno de recuerdos compartidos con Jesús.

Sin embargo, en medio del duelo, encontró una fuerza inesperada. Decidió luchar por lo que más amaba: su casa y la memoria de su esposo. Comenzó a trabajar limpiando casas y cuidando a niños, cogiendo cualquier empleo que le permitiera mantenerse a flote y pagar las deudas del negocio. Parecía que todo estaba perdido, pero, de forma inesperada, y más allá de toda lógica, comenzaron a llegar nuevos pedidos a la empresa.

De las mañanas como asistenta del hogar pasó a las tardes dedicadas a un curso intensivo de finanzas para aprender a manejar el negocio de Jesús.

Con esfuerzo y determinación, logró enderezar la situación. Al final, no solo evitó vender la casa, sino que también salvó la empresa. Hoy la compañía sigue en pie, tal como

Jesús habría querido. Mercedes está convencida de que no lo logró sola. Con una mezcla de gratitud y certeza, suele decir:

—Todo fue obra de Jesús. Él me ayudó, sigue a mi lado.

Reflexión. A veces, en medio del caos y el dolor, es difícil encontrar un sentido a lo que vivimos. Sin embargo, con el tiempo, cuando miramos atrás, vemos que cada experiencia, incluso las más duras, encaja en un plan mayor. Los momentos de incertidumbre, las pérdidas y los desafíos que parecían insuperables nos dieron lecciones que solo comprendemos vistos con perspectiva. Entonces nos damos cuenta de que cada paso, incluso los más dolorosos, nos condujeron a ser quienes somos hoy. Todo, de alguna manera, tenía un propósito que en ese instante no podíamos ver.

Paula y el abuelo

Cuando Paula compartió su historia conmigo, ella tenía veinte años, pero el recuerdo de lo que vivió a los siete seguía tan vivo y nítido como el día en que sucedió. A esa edad ya era una niña inquieta y llena de ilusión que vivía con su madre; la separación de sus padres se había producido dos años antes. Aunque al principio sintió tristeza, rabia y miedo, esos sentimientos pesados comenzaron a desvanecerse a medida que la relación entre sus padres mejoraba. Aprendió a adaptarse a su nueva vida y, con el tiempo, volvió a disfrutar de la compañía de su querido papá.

Sin embargo, la historia de la madre de Paula fue muy distinta. Ella también vivió la separación de sus padres de pequeña, pero las cosas nunca se arreglaron. Su padre, tras perder el trabajo y la salud, se vio incapaz de cuidar de sus hijos. Un juez decidió que no podría estar con ellos, y desapareció de sus vidas, rompió todo contacto. La madre de Paula creció sin él y, aunque no lo mencionaba, esa ausencia la marcó profundamente. Pero juró que su hija no viviría la misma historia.

Paula convivía con tres abuelos, pero jamás había visto una foto del padre de su madre. Su existencia parecía borrada, como si nunca hubiera formado parte de la familia. Nadie lo mencionaba ni lo recordaba.

Una noche, mientras intentaba dormir, algo la despertó. Abrió los ojos y, por un instante fugaz, vio a un hombre mayor mirándola con una expresión amable. No lo conocía, pero no sintió miedo. Al contrario, una sensación de paz la envolvió. Pensó que tal vez lo había imaginado, pero la noche siguiente volvió a verlo. Esa vez distinguió su rostro con claridad y escuchó algo que la dejó atónita: «Paula, soy tu abuelo».

A la mañana siguiente le contó a su madre lo que había sucedido y le pidió que le mostrara una foto de su abuelo. Nerviosa, buscó la única que había guardado en secreto desde niña, escondida para que su madre no la encontrara. Cuando Paula la vio, no lo dudó: era el hombre que había estado junto a su cama las últimas dos noches.

Lo que contaba Paula sacudió a su madre. Decidida, movió cielo y tierra para buscar información sobre su padre. Hizo llamadas a desconocidos hasta que al final supo la verdad. Con los años, su padre había rehecho su vida en otra ciudad, pero había fallecido hacía tres días, justo cuando Paula lo vio por primera vez.

Para la niña, aquella experiencia fue un regalo de su abuelo, una despedida desde el más allá. Para su madre, fue la oportunidad de cerrar un ciclo, de llorar por el padre del que nunca pudo despedirse. Durante años, Paula guardó ese relato en su corazón, temerosa de que la juzgaran o de que alguien ensuciara lo que para ella fue un momento tan especial. Ahora, con el paso del tiempo, ha entendido que ese regalo de su abuelo siempre la acompañará.

Reflexión. El testimonio de Paula sugiere que su abuelo logró comunicarse con ella a través de la conciencia, reconociéndola y estableciendo ese vínculo desde otra dimensión. En el libro *¿Existe la muerte?*, las doctoras Luján Comas y Anji Carmelo afirman que el siglo XXI será el de la conciencia, un periodo en el que profundizaremos en la relación de la conciencia con el cerebro. Explican que la conciencia va más allá del cerebro físico, que continúa existiendo incluso después de la muerte cerebral, abriendo nuevas perspectivas sobre la vida y la trascendencia.

Gloria

Hacía siete años que la pareja de Gloria le había regalado una planta que nunca llegó a florecer. La plantaron en un rincón del jardín, donde crecía discretamente, con largas hojas verdes que cumplían su ciclo sin llamar la atención. A pesar de los cuidados de Gloria, parecía no tener más destino que pasar desapercibida.

Un año después de la muerte de su compañero, la casa estaba envuelta en la tristeza. Levantarse cada día se había convertido en un esfuerzo agotador. A menudo nos encontrábamos y hablábamos de su pareja y de lo que significaba en su vida.

—Pronto hará un año de su muerte y aún no me parece real —decía Gloria con una voz quebrada por la soledad que se había apoderado de su vida—. Me quiero morir —confesaba en nuestras conversaciones.

Yo intentaba ofrecerle consuelo diciéndole que quizá, después de ese primer año, las cosas empezarían a cambiar, aunque fuera solo un poco.

Un día, mientras hablábamos, me invitó a salir al jardín para mostrarme un gatito que se había refugiado allí. De repente, su rostro cambió. Se quedó paralizada, sin palabras, como si el aire hubiera abandonado su cuerpo. Apenas podía respirar mientras observaba algo que hasta ese momento le había parecido imposible: la planta que él le había regalado, la que jamás había florecido, estaba cubierta de hermosas flores, parecidas a orquídeas. Había tantas que las hojas verdes casi ni se veían bajo aquel manto de vida inesperada.

Las lágrimas llenaron sus ojos y, sin necesidad de decir nada, ambas comprendimos que, de alguna manera, aquello era un mensaje.

> **Reflexión.** Qué coincidencia, ¿verdad? Justo cuando más lo necesitaba, como si fuera magia, la planta floreció de una manera que incluso a mí me dejó sin palabras. Desde entonces, cada año Gloria recibe ese racimo de flores que la envuelve en una sensación de esperanza y le devuelve la ilusión por vivir. Para ella, esas flores son mucho más que un regalo del jardín: son una señal clara de que él sigue a su lado, acompañándola de una manera sutil, pero siempre presente. Es su forma de recordarle que nunca está sola.

Carlos y su abuelo: «¿Puedo contarte un secreto?»

La vida nos sorprende en todas sus dimensiones. Cierto día me encontraba en un colegio impartiendo un taller sobre la muerte y el duelo a un grupo de niños y niñas de nueve años y nada me hacía pensar que aquella mañana acabaría siendo muy especial.

Cada uno de los talleres es único porque crean un espacio personal irrepetible en el que los asistentes descubren sus propias pérdidas, lo que han aprendido de ellas y cómo podemos cuidarnos cuando lo vivimos.

Horas después, el taller llegaba a su fin, pero, justo antes de despedirnos, uno de los niños, Carlos, se levantó de la silla y, dirigiéndose hacia mí, comentó que había algo que le preocupaba.

—Quiero contarte algo —dijo.

Pensé que seguramente querría hablar de la muerte de una persona querida.

—¿Quieres compartirlo con los demás? —le pregunté.

—No, solo te lo puedo explicar a ti —respondió.

Su actitud indicaba que lo que quería decir no era cualquier cosa, pero en ese momento no podía imaginarme qué podría ser eso tan importante que necesitaba contarme, y mucho menos que acabaría siendo un regalo para mí.

Frente a mí, de pie, decidido y con la mirada clavada en mis ojos, tenía a Carlos, dispuesto a contar su secreto mejor guardado, aquel que aún no había compartido con nadie y que llevaba en su interior. Aunque no nos conocíamos ni nos habíamos visto antes, por alguna razón decidió que quería confiarme lo vivido. Esta fue nuestra conversación:

—Cuando yo tenía cinco años, mi abuelo murió.

—¿Y lo querías mucho? —le pregunté.

Sentía que sus ojos analizaban cada uno de mis gestos y mis palabras.

—Sí, pero es que yo lo veía como te veo a ti, pero me di cuenta de que nadie más lo veía —dijo dudando de lo que yo estaba dispuesta a creer.

Su mirada seguía fija en la mía, y eso indicaba que la verdad y la sinceridad flotaban entre nosotros.

—¿Y qué hacía el abuelo? —quise saber.

—Me hacía compañía y me decía que estaba allí para cuidarme y protegerme —respondió sin dudar.

En aquel momento, Carlos detuvo el mundo, como si solo existiéramos él y yo. El resto de la clase era ajena a lo que me estaba contando, pero me interesaba saber cómo había vivido aquella visita, qué impronta le había dejado.

—¿Te gustaba que el abuelo viniera a verte? —le pregunté.

—Sí, mucho, pero sabía que mis papás no lo podían ver, y yo no les contaba nada porque no me habrían creído —contestó.

Me di cuenta de que Carlos hablaba en pasado, lo que indicaba que algo había cambiado desde entonces.

—¿Viene aún el abuelo a verte?

—Ya no. El año pasado me dio mal rollo y le pedí si podía cuidarme y protegerme desde otro lugar.

—¿Y qué te respondió?

—Que sí, que lo podía hacer, y desde el año pasado ya no viene, pero sé que está conmigo.

Después de decir estas palabras, nos dimos un largo, inolvidable e intenso abrazo. En ese momento, el resto de la clase percibió que algo estaba pasando, pero con una sonrisa indicamos a sus compañeros que hay secretos que no se pueden contar, y el nuestro quedó sellado.

Siento un profundo agradecimiento por el gran regalo que recibí de Carlos y cómo, de forma intuitiva y con solo cinco años, supo guardarse aquella vivencia. Algo le indicaba que aquello no era habitual y que, aunque no sentía miedo, era mejor no compartirlo.

Él sabía que detrás de la muerte del abuelo se escondía el secreto mejor guardado, algo amable por descubrir que le fue mostrado por una rendija, y que, con buen criterio, decidió cerrar.

No me imagino cuáles pudieron ser los pensamientos y las preguntas que se hizo Carlos durante las horas que duró el taller: «¿Le puedo contar lo que me pasó con el abuelo? ¿Pensará que estoy loco o me creerá? ¿Me sentiré mejor después de decírselo?».

Gracias, Carlos, por compartir un secreto tan especial, y gracias, azar, por hacer que coincidiéramos en el camino. Antes de irme del colegio, le pedí a la maestra que me hablara más de él. Me comentó que era un niño muy querido por todos, tolerante, sensible y con una inteligencia emocional más desarrollada que la de sus compañeros. Sin duda, unas cualidades que lo acompañarán toda su vida.

Reflexión. La experiencia de Carlos nos plantea muchas preguntas sobre si la conciencia reside en el cerebro o en una dimensión desconocida, capaz de mantenerse activa incluso después de la muerte física. Como señala la doctora Luján Comas, no se ha podido demostrar que la conciencia solo sea el resultado de una transmisión sináptica, eléctrica o bioquímica. Lo que parece estar claro es que no morimos mientras los que nos aman mantengan viva nuestra memoria. Al hablar de nosotros, al llenar el vacío con recuerdos, siguen cuidándonos, presentes más allá de la vida.

5
El mundo de los sueños especiales

La ciencia nos ha hecho ver y conocer muchas cosas de nuestro entorno que no podíamos sospechar con la aplicación de nuestros sentidos naturales, pero no ha logrado vislumbrar el misterio de la conciencia.

MOISÈS BROGGI

Los sueños son una experiencia común no solo para los humanos, sino también para los animales, aunque estos no pueden explicarlos. Misteriosos e incontrolables, los sueños nos muestran imágenes y sensaciones que rara vez controlamos. A pesar de que queramos revivir uno concreto o tener uno en particular, lo más probable es que no suceda. Podemos describirlos como un estado de conciencia en que se mezclan sensaciones, pensamientos y emociones, y que suele durar entre cinco y veinte minutos.

Desde la perspectiva de la psicología, los sueños son mensajes que merecen ser escuchados, ya que reflejan de manera coherente nuestra vida psíquica y nuestros conflictos internos. Sin embargo, los enfoques sobre ellos varían según los campos de estudio. Los neurocientíficos se enfocan en las estructuras cerebrales responsables de la producción y organización de los sueños, mientras que el psicoanálisis se centra en su significado, enmarcándolos dentro de la historia de su dueño.

A veces, los sueños pueden incluir otros, y eso ocurre cuando nos damos cuenta de que estamos soñando sin ser conscientes de ello. Podemos experimentar sueños divertidos, románticos o profundamente inquietantes, a menudo tan extraños que nos resultan incomprensibles. Muchos son fragmentados, caóticos, y se desvanecen en cuanto nos despertamos. Sin embargo, lo más común es soñar con situaciones, personas o momentos de la vida cotidiana. De hecho, se estima que olvidamos el 95 por ciento de los sueños al despertar o pocas horas después.

Los sueños pueden tener un significado muy personal para quien los experimenta: reflejan deseos conscientes o inconscientes, interpretan señales del cerebro y el cuerpo o procesan la información del día. Sin embargo, no todas las personas sueñan igual. Algunos tienen sueños premonitorios, lo que les genera inquietud, ya que soñar de manera profética no siempre es un don deseado. A menudo, los que han tenido sueños relacionados con tragedias o accidentes los narran con recelo, temiendo despertar emociones dolorosas en los demás. Lo perturbador es que, en ocasiones, esos sueños parecen cumplirse en la vida real.

A pesar de que la ciencia trata estos fenómenos con cautela, lo cierto es que los sueños parecen tener sentido solo para quien los sueña. Pensadores como Sigmund Freud y

EL MUNDO DE LOS SUEÑOS ESPECIALES 195

Carl Gustav Jung dedicaron gran parte de su vida al estudio de los sueños, y diferenciaron entre los cotidianos y los que contienen un mensaje más profundo.

Mi propia experiencia, así como los testimonios que he recogido, me llevan a pensar que la conciencia utiliza las horas de descanso cerebral para manifestarse, expresando lo que no puede decirnos durante el día. Existe la posibilidad de que la conciencia no esté completamente ligada al cerebro y que, de alguna manera, sobreviva más allá de la vida. Tal vez en el futuro la ciencia amplíe su comprensión y acepte que no todo lo que existe puede medirse o pesarse. Entender algo que no se ha vivido es difícil, y compartir experiencias únicas por temor al juicio ajeno aún lo es más. Sin embargo, debemos aprender a convivir respetando la visión del otro.

Los relatos que aquí se presentan son el valiente testimonio de personas que han decidido compartir sus experiencias con la esperanza de aportar algo de luz sobre el misterioso mundo de los sueños.

El sueño de Iker

Iker era un niño inquieto de siete años que no pasaba desapercibido. Era menudo, tenía una mirada limpia y llena de vida, y arrancaba la sonrisa a los demás con sus ocurrencias. Desde pequeño jugaba al fútbol, afición que compartía con su padre, que lo acompañaba a todos los entrenamientos y partidos hasta que murió.

Conocí a Iker meses después de la repentina e inesperada muerte de su padre, de treinta y dos años. Una mañana se levantó para ir a trabajar, aunque había pasado mala noche y no se encontraba bien. Cuando se disponía a tomar el ascensor, cayó inconsciente en el suelo a consecuencia de un infarto masivo. Todo sucedió muy deprisa: la mamá de Iker lo arrastró hasta su casa e intentó reanimarlo, pero, a pesar del esfuerzo y la desesperación, le fue imposible retener la vida que se le escapaba.

Cada mes, Iker venía con su mamá para acompañar un camino de duelo saludable y que el niño pudiera comprender lo que sentía y por quién. Él decidió que yo era de suficiente confianza como para compartir conmigo lo que había vivido cuando ya había pasado un año de la muerte de su padre.

La noche antes del infarto, Iker tuvo un sueño extraño en el que vio que su padre se iba a trabajar, tomaba el ascensor para subir al cielo y moría tranquilo. Por la mañana, el niño se despertó por los gritos de su madre y supo lo que estaba ocurriendo. Cuando vio a sus padres en el suelo y observó la impotencia de su joven madre para evitar la claudicación de la vida, le dijo, entre triste y resignado:

—Mamá, papá ha muerto; lo he soñado.

Podemos llegar a pensar que el sueño de Iker, que entonces tenía seis años, se produjo por casualidad, pero era lo último que pensaba él. Por eso lo guardaba como un secreto y lo había compartido con muy pocas personas, porque decía que la mayoría no estaban preparadas para escucharlo y entenderlo.

EL MUNDO DE LOS SUEÑOS ESPECIALES

Meses después de la muerte de su padre, bajaba las escaleras de casa cogido de la mano de su madre y de su hermana cuando, de repente, tuvieron que aminorar la marcha, ya que delante de ellos había una vecina que bajaba cogida a la barandilla; le costaba mucho porque tenía sobrepeso. La paciencia de Iker llegó a su límite y, cansado, hizo un comentario poco afortunado que solo escucharon su madre y su hermana. De repente, sintió que alguien le daba un pescozón por detrás, incluso lo desplazó un poco.

—¿Qué te pasa, Iker? —preguntó, sorprendida, su hermana.

—Me han dado una colleja —respondió enfadado mientras se volvía de mal humor para ver quién había sido el causante.

Su sorpresa fue mayúscula al ver que detrás de él no había nadie y que no podían haber sido ni su madre ni su hermana.

—Debe de haber sido papá, ya sabes que no le gustaba que te metieras con la gente —le dijo su hermana mayor.

Para Iker, esas palabras fueron un regalo, y encontró fascinante la colleja. Esas pequeñas señales que reforzaban la complicidad que tenía con su padre fueron un bálsamo para su tiempo de duelo. Ya solo necesitaba hablar de él.

¡Qué poco sabemos de lo que más nos interesa! ¿Verdad, Iker?

> **Reflexión.** Soñar con seres queridos fallecidos es más común de lo que pensamos. No son como los sueños habituales que se olvidan rápidamente; son muy reales, vívidos e inolvidables.

La visita de Juan en el sueño de Jan

Juan era un niño de cuatro años al que le gustaba jugar a los piratas. Tenía, como su abuelo, un don especial para dibujar dragones, dinosaurios y muchos otros animales. Era un niño muy feliz que hacía las delicias de sus padres, Sergi y Laia, y formaba parte de una familia que había crecido hacía poco con un nuevo miembro: Jaume, el pequeño de cuatro meses.

Juan tenía un amigo muy especial, Jan. Eran como dos almas gemelas; iban a la misma clase, siempre jugaban juntos y nunca se enfadaban. Hasta ese momento, la vida de Juan transcurría como la de cualquier niño que tiene la suerte de contar con una familia nuclear y divertida llena de tíos, abuelos y primos.

Cuando llegó el verano, Sergi y Laia decidieron viajar con los niños al País Vasco. Aquella tarde, mientras estaban de ruta lejos de casa, tuvieron un accidente con el coche que les cambió la vida. Por desgracia, los dos hermanos, Juan y Jaume, murieron al instante, y los padres quedaron heridos de gravedad.

EL MUNDO DE LOS SUEÑOS ESPECIALES

Hasta el día siguiente, no llegó a la ciudad donde vivía la familia la trágica noticia de lo ocurrido. El impacto social fue grande; regentaban una farmacia, y eran personas conocidas y muy queridas. Algunas horas antes de que se supiera, ocurrió algo sorprendente. La noche anterior, poco después del accidente, Jan, el amigo de Juan, tuvo un sueño muy real que lo dejó tan desconcertado que necesitó contárselo a sus padres.

—Papis, esta noche he soñado que Juan salía volando de debajo de un coche roto y venía contento y feliz hasta donde yo estaba. Me ha dicho que se encontraba bien, pero que tenía que irse y que no nos volveríamos a ver.

En aquel momento, los padres del niño no dieron importancia al relato de su hijo, pero, cuando horas más tarde les comunicaron la noticia, no podían creerlo: los detalles del accidente coincidían con el sueño de Jan. ¿Qué explicación podían darle? ¿Casualidad o jugada del subconsciente?

Hay cosas para las que no tenemos respuesta, y quizá esta sea una de ellas. Cuando Sergi y Laia, heridos en todas sus dimensiones, fueron trasladados al hospital, los padres de Jan dudaron si sería adecuado compartir con ellos lo que su hijo había soñado, pero al final decidieron contárselo. Los felicito por haberlo hecho, ya que el sueño del pequeño ayudó a los afligidos padres a pensar que sus hijos, estuvieran donde estuviesen, no habían sufrido al morir —eso era lo que más les preocupaba— y a vivir con la esperanza de un posible reencuentro. ¿Y por qué no?

> **Reflexión.** Hay sueños que, sin ser premonitorios, son muy especiales porque en ellos aparecen personas conocidas que han muerto. Suelen tener un denominador común: ver la imagen sonriente, apacible y tranquila del ser querido fallecido, y recibir un claro mensaje: «Cuídate. Estoy bien y en paz». Por lo general, se producen poco después de la muerte del ser querido, en especial cuando la despedida no ha sido posible. Quienes los han experimentado, ya sean adultos o niños, insisten en que son muy reales, que se quedan grabados como un tatuaje en el alma, que dejan un grato recuerdo y que no querrían despertar de ellos.

María y su papá

María tenía solo ocho años cuando su padre falleció de manera inesperada por un infarto de miocardio. A pesar de los consejos de los que la rodeaban, su madre tomó la decisión de permitirle que se despidiera de él: la llevó al tanatorio y la dejó asistir al funeral. Semanas más tarde, madre e hija comenzaron a acudir a terapia para recibir apoyo en su proceso de duelo. Durante una de las sesiones, María, con una serenidad sorprendente, compartió un sueño que había tenido.

—Una noche soñé que papá estaba acostado en la cama, con los brazos abiertos. Me tumbé a su lado y él estaba muy feliz. Luego fuimos a dar un paseo, y papá caminaba sin muletas. Cuando desperté, me sentí muy bien. Fue un sueño muy real.

En otra ocasión, María contó otro sueño:

—Soñé que estaba sentada en una silla y que la puerta del balcón estaba abierta. Podía ver el cielo, nublado y de color naranja. De repente, papá bajó del cielo y entró en casa por el balcón. Venía acompañado por una señora que volaba detrás de él. Papá estaba muy contento, tampoco llevaba las muletas, y caminaba como antes. Me tomó la cara entre las manos, me dio dos besos y me desperté. Fue un sueño muy especial. No parecía un sueño. Era tan real...

Estos sueños fueron un consuelo para María, un vínculo con su padre que le ofrecía paz en medio de su dolor.

Reflexión. La muerte de un ser querido es una experiencia que queda marcada para siempre en la memoria. El tiempo de duelo puede ser difícil a cualquier edad, pero para un niño o un joven ese camino es aún más complicado, y es crucial que entienda lo que ha ocurrido lo antes posible. Para evitar la confusión o las falsas esperanzas, es fundamental hablar con claridad sobre la muerte, sin recurrir a eufemismos como «Está descansando», «Se ha ido de viaje», «Está en el cielo» o «Está durmiendo». Esas frases, aunque bienintencionadas, pueden generar desconcierto y dificultar el proceso de comprensión.

Es importante saber que, con el tiempo, el niño o joven se acordará vivamente de cómo se gestionó ese momento. Recordará si tuvo la oportunidad de asistir al funeral con su familia o si fue al colegio como si nada hubiera ocurrido. Permitirle estar presente y formar parte del proceso es básico para su sanación emocional. La sinceridad es clave. Dejemos que nos plantee todas las preguntas que necesite tantas veces como sea necesario. Si no tenemos todas las respuestas o nos resulta doloroso hablar del tema, es mejor ser honestos y decirlo. El niño quizá preguntará lo mismo varias veces mientras trata de entender lo sucedido. Si somos sinceros, no construirá explicaciones erróneas o fantasiosas que compliquen aún más su duelo.

Dolores

Hacía unos meses que Dolores se había quedado viuda. Sus hijos estaban muy preocupados porque se pasaba muchas horas llorando tumbada en la cama, sin asearse —cuando antes era una persona muy pulcra y ordenada—, y se negaba a ver a nadie y a salir de casa. En poco tiempo se convirtió en una pequeña sombra de lo que había sido cuando vivía acompañada y querida por su marido. El mundo de Dolores se había detenido, falto de sentido, vacío y triste, así que sus hijos decidieron llevarla al médico. Este les recomendó que asistieran al Grupo de Duelo.

Recuerdo el día en que Dolores, acompañada por sus hijos, con los ojos apagados y vestida de riguroso negro, abrió muy despacio la puerta de la sala donde nos reuníamos. Tenía solo sesenta y ocho años, pero su deterioro era tal que aparentaba muchos más, y andar le requería tal esfuerzo que sus hijos la sostenían para que no se cayera. Nos conmovieron sus deseos de morir para acabar con aquella pesadilla.

Las primeras semanas solo escuchaba; se sentía incapaz de hablar sobre lo que estaba viviendo. Todos nos dimos cuenta de que no dejaba de perder peso y la ropa le quedaba cada vez más holgada.

Semana tras semana, le hacía la misma pregunta:

—¿En qué te podemos ayudar, Dolores?

Y siempre recibíamos la misma respuesta:

—Gracias, pero no me podéis ayudar en nada. Solo me quiero morir.

Antes de cada sesión, yo hablaba un ratito con sus hijos, muy preocupados porque veían que su madre se estaba evaporando como el agua. Entonces les dije con franqueza:

—Lo estáis haciendo muy bien dándole toda la compañía de la que sois capaces. No obstante, cuando una persona desea morir porque pierde durante un tiempo la ilusión por ver a sus nietos o participar de una reunión familiar, puede enfermar de gravedad, y en el plano médico es complicado conseguir que siga viviendo. Tenemos que estar pendientes de cualquier cambio.

Por entonces, mis pensamientos estaban más enfocados en apoyar a sus hijos, preocupados y desconcertados, que a Dolores, que parecía apagarse como una vela. No existen tiendas en las que vendan apetito, ánimos o ilusión; si las hubiera, sus almacenes estarían vacíos. Tras cada sesión, me preguntaba: «¿Podrán sus hijos traer a Dolores la semana que viene o habrá enfermado?».

En la siguiente reunión de duelo, mientras nos acomodábamos en las sillas, la puerta se abrió de repente. Ante nosotros apareció una mujer elegante con una sonrisa serena y una mirada que nos saludó a todos. Con paso firme y decidido, ocupó la silla vacía de Dolores. Sorprendida, le pregunté quién era y qué la había traído allí. Con una simple respuesta, nos dejó sin palabras:

—Soy Dolores.

No podíamos creer lo que veían nuestros ojos. Había cambiado tanto... Yo necesitaba entender esa transformación, pero no hizo falta que le preguntara nada; ella estaba ansiosa por compartirlo.

—La semana pasada, después de la sesión de duelo, me fui a la cama y tuve un sueño increíble, tan real como la vida misma. Me encontraba en un lugar lleno de luz y me envolvía una paz infinita. Caminaba sobre nubes suaves que se movían muy despacio, rodeada de columnas blancas adornadas con frutas de muchos colores. Había personas vestidas con túnicas blancas que conversaban tranquilamente, y todas me saludaban con una mirada muy cálida, como si hubieran estado esperando mi llegada. No me sentía extraña, al contrario, era como si perteneciera a ese lugar. De pronto, a lo lejos, apareció mi marido. Vestía también una túnica blanca y, con una sonrisa, me extendió la mano, esperando la mía. No puedo describir con detalle lo que sucedió después, pero lo que sí puedo deciros es que hicimos el amor como nunca, una y otra vez, como si el tiempo no existiera. Al despertar, entendí que, cuando llegue mi momento, él estará allí, esperándome. Y su mensaje fue claro: «Debes seguir adelante, vivir para ayudar a la familia». Esta es la Dolores que mi marido conoció, y es la que debo seguir siendo.

Ese sueño marcó un antes y un después para ella en su proceso de duelo. Poco tiempo después, ya no necesitaba el apoyo del grupo. Había encontrado la paz y la fuerza necesarias para continuar con su vida.

Reflexión. Una célebre y certera frase de Albert Einstein nos recuerda que todos somos arquitectos de nuestro propio destino. Durante el duelo, cuando el mundo que conocíamos se desvanece y las paredes protectoras se desmoronan, es esencial que los que nos rodean confíen en nosotros y nos permitan reconstruirnos a nuestro ritmo, sin prisa. A veces, durante ese proceso, podemos recibir una ayuda inesperada, como les sucedió a Dolores y a los testimonios de este libro.

Montse y el mensaje de mamá: «¿La podéis ayudar?»

Montse tenía cuarenta y cuatro años cuando la conocí. Estaba casada y había tenido tres embarazos con tratamiento *in vitro*, pero todos habían terminado en aborto. En casa disfrutaban de la compañía de sus tres queridos perros.

Las adversidades que vivió Montse venían de mucho tiempo atrás. Cuando era una adolescente, uno de sus primos murió a causa de la explosión de una bomba en Italia. No pudo ver el cuerpo, y eso la dejó muy marcada; pensaba constantemente que su primo iba a entrar por la puerta. Dos años después falleció su tía, la madre del chico.

—Los quería mucho, y aún no he entendido nada de lo que pasó —decía.

Hace dieciséis años, su padre enfermó y murió de un tumor en el riñón. Montse hablaba de él con calma; lo lloraba con tristeza, pero estaba en paz con su padre.

—Yo estaba con él cuando falleció. Después de tres años de sufrimiento, tuvo una muerte tranquila —comentaba.

En cambio, su madre nunca aceptó su enfermedad, jamás quiso hablar de ello y acabó muriendo en urgencias seis meses después que su marido. Antes de fallecer, le había cogido las manos a su hija para hacerle un último ruego.

—Montse, estoy muy enferma. Llévame a casa —le pidió.

Sin embargo, los médicos no lo aconsejaron, y Montse no pudo estar con ella en el momento de su muerte, y todavía no había podido llorarla.

—Mi madre murió sola. Si no pueden reanimar a las personas, es injusto que las dejen morir en soledad —decía con rabia. Y añadía—: Tengo la habitación de mis padres muy desordenada.

—Montse, estás furiosa porque te sientes abandonada —le decía yo—. El desorden es vida y movimiento. Si necesitas tenerla así, es por algo. Deja que tu corazón te diga lo que debes hacer en cada momento.

Vivir sin sus padres, los muros sólidos y estables de su casa, la tenía sumida en una profunda tristeza. Cuando se incorporó al grupo, hablaba tan deprisa que no la entendíamos. Un tsunami de dolor había desmenuzado sus paredes, y su mundo de seguridad había quedado destruido. Montse nos decía que no podría soportarlo y que se quería morir. En el grupo encontró cariño y comprensión. En ese espacio compartió que, cuando era pequeña, su familia era muy pobre, que había nacido en un establo, pero que, a pesar de todo, sus padres hicieron lo posible para que sus hijos recordaran con ternura el día de Reyes.

—Nos dieron una infancia muy feliz. Fui rica en amor gracias al sacrificio que hacían —decía emocionada.

Hablaba de sus padres con lágrimas en los ojos por todo el amor que recibió de ellos. Su historia estaba llena de adversidades. Cuando llegó a la adolescencia, los psiquiatras le diagnosticaron un trastorno de la personalidad, rasgos de autismo y episodios de depresión. Seguía un tratamiento, y la medicación la ayudaba a relacionarse mejor con los demás y a encontrar palabras para contar el batiburrillo de pensamientos que emergían de su cerebro. En ese momento estaba de baja por depresión.

—Después de veintinueve años trabajando en la empresa, la gente es incapaz de preguntarme cómo estoy, y eso me da mucha rabia —comentaba.

La trataban un psicólogo y un psiquiatra, porque también sufría pesadillas y problemas de claustrofobia.

Había aprendido mucho a su lado, sobre todo que las personas diagnosticadas con una discapacidad intelectual lo único que quieren es que los otros dediquen tiempo a escucharlos, y tardan más en encontrar y poner en palabras lo que siente su alma. Pero estas personas desarrollan otras capacidades.

Las primeras semanas pensé que le costaría escuchar a los demás y adaptarse al Grupo de Duelo, pero, como tantas veces, me equivocaba, y descubrí algo que me fascinaría.

Montse tenía una paciencia infinita, y apostó por seguir en el grupo y aprender a cuidar de sus padres más allá de la vida. En las dos horas que nos reuníamos, escuchaba con atención y se impregnaba de todo para subsistir emocionalmente hasta la semana siguiente. A medida que expresaba el dolor y la impotencia por la muerte de sus padres, empezó a hablar de forma más tranquila y ordenada, y consiguió que los demás no nos perdiéramos sus palabras. Con generosidad, nos abrió la puerta a un mundo organizado de otra forma, donde el amor y el dolor tenían el mismo sentido y significado.

Sin embargo, en ese momento estaba estancada: se sentía desamparada, sola y confundida. Después de cuatro años, yo estaba tan bloqueada como ella, así que no tenía más herramientas que ofrecerle, solo mi atención. No podía darle respuestas cuando preguntaba, de forma constante:

—¿Crees que mis padres están bien?

Aquel era el secreto mejor guardado, y por eso absolutamente nadie podía ser tajante con la respuesta. Para descubrirlo, habría que morir primero. A los vivos nos toca hacer

EL MUNDO DE LOS SUEÑOS ESPECIALES 209

volar la imaginación y conformarnos con lo que más nos ayudara a controlar el temor a la incertidumbre.

La pregunta de Montse indicaba que su duelo había quedado atrapado entre el vacío y la desesperanza. Me sentía muy triste, ya que, como profesional, no podía ofrecerle ni una ramita para evitar que se ahogara y su duelo se complicase.

Un día a las nueve de la noche, una vez que acabó la reunión del grupo, cerré la puerta de la sala, enfadada conmigo misma, entré en el coche para volver a casa, y la impotencia salió en forma de lágrimas. «¿Qué más puedo hacer para ayudarla?», me preguntaba.

Mientras conducía, desesperada y llorando, miré al cielo.

—Papás de Montse —dije—, siento que dentro de mí no tengo nada más para ayudarla. Por favor, tengo las manos vacías. ¿La podéis ayudar?

Tras esas palabras dichas en voz alta, me sentí aliviada. Al llegar a casa, la cotidianidad me distrajo de lo ocurrido.

A las doce del día siguiente, sonó el teléfono. Me extrañó oír la voz de Montse. Quería contarme algo extraño y muy especial. Este es el relato de lo que vivió:

—Como cada noche, estaba durmiendo profundamente por efecto de las pastillas, pero de repente me despertó una luz blanca que entró por la puerta de la habitación. Al instante me senté en la cama, embobada por el resplandor, y apareció mi madre, que se sentó a mi lado. Estaba tan sorprendida que me quedé callada. Mamá me dijo: «Montse, queremos que sepas que tanto papá como yo estamos juntos y muy bien. No debes sufrir por nosotros. Cuida de ti». Entonces los perros se pusieron nerviosos y me di la vuelta para calmarlos. Cuando volví la cabeza, ni la luz ni mamá estaban allí. Xusa, no estoy loca, he visto a mamá de verdad, y ¡ha sido una pasada!

Mi cuerpo temblaba mientras la escuchaba. No podía ser casualidad que, después de cuatro años de duelo, justo cuando pedí a sus padres que la ayudaran, sin que ella supiera nada, Montse viviera esa experiencia reparadora. Jamás le conté lo que había pedido; no era relevante. Tampoco le pregunté nada; no era necesario. Al colgar el teléfono, los pensamientos saltaron dentro de mí como pulgas.

Montse pasó de vivir una vida gris a otra llena de luz. Asistió unas semanas más al Grupo de Duelo; después ya no lo necesitó.

Reflexión. ¿Qué pasaría si, como las hormigas —que solo reconocen su bosque a corta distancia por las hojas que recorren, los árboles a los que trepan o los nidos en los que habitan—, hubiera algo tan infinitamente vasto que su grandeza nos impidiera verlo? ¿Y si, en nuestro limitado entendimiento, no fuéramos capaces de captar su inmensidad? No existe nadie que pueda negarlo o confirmarlo. No estamos capacitados o diseñados para comprenderlo.

Mira profundamente en la naturaleza, y entonces lo comprenderás todo mejor.

Albert Einstein

> Lo significativo fue el valioso e inesperado regalo que Montse recibió de su madre y cómo este la ayudó a resolver algunas dudas que no la dejaban avanzar.

El sueño del león

Tenía cuarenta y siete años cuando me diagnosticaron cáncer de mama, y mi vida, tal como la conocía, se detuvo de repente. Hacía apenas quince días que mis compañeros del hospital me habían realizado una intervención conservadora para evitar una mastectomía radical. Extirparon solo el tumor, asegurándose de que los márgenes estuvieran libres de células cancerígenas. Me recuperé sin contratiempos, todo parecía ir bien. A la mañana siguiente tenía cita con el cirujano para revisar la herida y seguir con el tratamiento de quimio. Pero esa noche tuve un sueño: recorría una casa vacía, con paredes altísimas y grandes ventanales. A lo lejos, en otras habitaciones, veía las figuras borrosas de mi esposo y nuestras tres hijas. De repente, oí un ruido inquietante a mi espalda y, al darme la vuelta, vi un león enorme que avanzaba muy despacio hacia mí. Presa del pánico, comencé a correr, atravesando habitaciones, saltando por ventanas y puertas, intentando alejarlo de mi familia. Quería que me siguiera a mí, para protegerlos, pero me di cuenta de que, por suerte, su único objetivo era yo. Caminaba despacio con sus enormes patas, y yo corría todo lo que podía, pero cada vez lo tenía más cerca.

Desperté angustiada, intentando entender aquel sueño, y al instante tuve la certeza de que el león representaba la enfermedad. Sentía, en lo más profundo de mí, que algo no iba bien a pesar de la operación. Se lo comenté a mi marido, que restó importancia a mi temor y trató de tranquilizarme, pero yo sabía que aquel sueño era una señal.

Al día siguiente, al entrar en la consulta, lo supe antes de que el cirujano hablara; sus ojos reflejaban una tristeza que confirmaba lo que me temía. Algunos márgenes del tumor no estaban limpios, y necesitaba una nueva intervención para hacer la mastectomía. Me sorprendió darme cuenta de que aquel sueño me había preparado emocionalmente para lo que vendría. Le expliqué al cirujano mi sueño premonitorio y le dije que mi única prioridad era vivir.

Pocos días después, me extirparon la mama. Desde entonces, no he vuelto a soñar con el león.

Reflexión

Tu alma conoce la geografía de tu destino. Solo ella tiene el mapa de tu futuro. Por lo tanto, puedes confiar en este aspecto indirecto y oblicuo de ti mismo.

JOHN O'DONOHUE

Papá, vengo a decirte adiós

Ramón tenía sesenta y ocho años cuando le diagnosticaron alzhéimer. Estaba casado con Dolores y tenían dos hijos y dos nietos. La noticia fue devastadora para la familia, pero decidieron aferrarse a los lazos afectivos que los unían, con la esperanza de que ese cariño ayudara a Ramón a reconocerlos el mayor tiempo posible. Sin embargo, la enfermedad avanzaba implacablemente. Cada vez era más común que desconectara, como si viviera en otro mundo, y poco a poco comenzó a confundir a sus familiares más cercanos.

En medio de esa situación, ocurrió una desgracia: Marga, su hija, falleció en un accidente de tráfico. La tragedia sacudió a la familia. Desconsolados, y temiendo que Ramón no pudiera soportar la noticia, decidieron no contarle nada. Creyeron que, al evitarle esa verdad, lo protegerían del dolor. No asistió al funeral de su hija ni pudo despedirse de ella.

Días después, Ramón comenzó a preguntar por Marga. Habían sido un padre y una hija muy unidos, y ella lo visitaba cada tarde. Al principio Dolores intentaba esquivar el tema. No sabía cómo afrontar su propio dolor como madre sin compartirlo con quien, seguramente, la entendería mejor que nadie. Bajaba la mirada, cambiaba de tema y fingía que todo iba bien.

El peso de las mentiras y las omisiones empezó a ser insoportable. Cada vez que Ramón preguntaba por su hija, crecía la tensión. Los miembros de la familia hacían esfuerzos por sostener una fachada, pero el agotamiento emocional y el miedo comenzaron a distanciarlos. Incluso los nietos, en especial el hijo de Marga, dejaron de visitar al abuelo con la frecuencia que lo hacían, temiendo que, en su inocencia, le revelaran la verdad. Ramón, que adoraba a sus nietos, veía que su mundo se vaciaba poco a poco de las personas a las que más quería.

Semanas después de la muerte de Marga, Ramón, con cara de sorpresa, compartió con la familia que había tenido un sueño muy vívido en el que su hija Marga se despedía de él con una sonrisa. La familia se quedó en shock, pero nadie se atrevió a corregir lo que, en su afán de protegerlo, le habían ocultado. Soñó con su hija en varias ocasiones. Y, con el tiempo, dejó de preguntar por ella. Su enfermedad avanzó con rapidez y, al año, falleció.

La familia nunca supo si, en su dimensión espiritual, Ramón se reencontró con Marga, pero sentían que los sueños eran su forma de despedirse de ella. La decisión de ocultarle la verdad se convirtió en una lección dolorosa: aprendieron que, por difícil que sea, hay verdades que no deben esconderse. Los nietos pudieron despedirse de su abuelo en el funeral. Al hacerlo, entendieron la importancia de esa despedida y descubrieron cuántas personas querían a su abuelo Ramón.

Él, con su enfermedad y sus sueños, les enseñó una valiosa lección sobre la verdad y el amor.

Reflexión. Por lo general, se mantiene a los niños al margen de lo que implica vivir el diagnóstico de una enfermedad

EL MUNDO DE LOS SUEÑOS ESPECIALES

grave, y eso los sobreprotege ante la realidad. «Prefiero que no sepa esto de su padre, no quiero que tenga este disgusto», se suele decir. En cambio, ellos, como las personas mayores y los enfermos, perciben cualquier cambio emocional en el entorno, pues forman parte de él. Si un niño pregunta, quiere saber y, aunque las circunstancias sean dolorosas, siempre esperará que le digamos la verdad.

6

Acompañar a los niños en la enfermedad grave y el final de la vida

Una enfermedad grave puede irrumpir en cualquier etapa de la vida, pero, cuanto más joven sea la persona afectada, más difícil resultará aceptar la pérdida de la salud y mayor será el miedo a la incertidumbre. Para un niño o adolescente, el diagnóstico de una enfermedad grave cambia su realidad de forma drástica. Si hace preguntas sobre ella, es porque quiere que le digan la verdad, y sabremos qué necesita en función de ellas. Son momentos en que quizá sea necesario que tengan voz en las decisiones que les afectan, ya que, aunque sean jóvenes, su cuerpo les ofrece señales claras sobre la evolución de la enfermedad. Es vital tratarlos con respeto y reconocer su capacidad emocional.

Cuando un niño o adolescente recibe un diagnóstico grave, la vida cotidiana que antes transcurría con normalidad se detiene de pronto, a pesar de que el mundo siga su curso. Ese cambio repentino sacude a la familia entera, anulando casi por completo la vida social, pues el cuidado del hijo pasa a ser la prioridad. Si además el pronóstico es incierto o complicado, la desesperanza afecta a todo el núcleo familiar: padres, hermanos, abuelos... En esas circunstancias, las emociones extremas pueden sacar a la luz grietas en las relaciones y la dificultad para adaptarse a ese inmenso desafío. La enfermedad grave de un hijo pone a prueba la fortaleza de los vínculos familiares, en especial de la relación de pareja. Algunos padres encuentran en la adversidad una manera de reforzar sus lazos, mientras que otros, por desgracia, se rompen. No se trata de señalar culpables, pues esa situación lleva al límite a cualquiera, y solo quienes lo viven saben cuán devastadora puede ser.

Es imposible contabilizar la avalancha de pensamientos contradictorios y emociones desbordadas que experimentan los padres en esta situación. La esperanza de que recobre la salud se convierte en su batalla diaria, su estandarte, y la ruta que los guía hasta el último aliento. No hay un manual para transitar por una situación en constante cambio, de modo que las dudas sobre qué es lo mejor nunca dejan de aparecer. A menudo, el equilibrio es frágil, y los padres pueden necesitar el apoyo de familiares cercanos —como abuelos, tíos, amigos...— o de profesionales para seguir adelante.

Cuando los peques son los protagonistas

Los niños y adolescentes tienen una sorprendente capacidad física para subsistir a los tratamientos, aunque sean agresivos, en su lucha por recuperar la salud. Sin embargo, ya consigan curarse o fallezcan, el proceso de la enfermedad es agotador no solo físicamente, sino también a nivel emocional y espiritual. Debemos recordar que, aunque sean pequeños, lo que están viviendo es muy significativo. Merecen ser tratados como protagonistas de su historia, al igual que cualquier adulto. Si les ofrecemos la información que piden y los involucramos en las decisiones sobre su salud, nos evitaremos muchos problemas en el futuro.

A menudo, en nuestro intento por protegerlos, les negamos la oportunidad de existir en su situación y asumir el desafío que les impone la enfermedad. Desean seguir sintiéndose amados y cuidados, como cuando estaban sanos, pero también asumir el reto de la enfermedad. Y esta realidad puede venir acompañada de infinidad de emociones y sentimientos, incluso de la pesada culpa por sentirse responsables de distorsionar la vida familiar.

La manera en que un niño o adolescente responde a la enfermedad depende de muchos factores: edad; capacidad para adaptarse a los cambios, las adversidades y las pérdidas; personalidad y temperamento, así como las reacciones de los que más influyen en su vida, principalmente sus padres. Sin embargo, a menudo no sabemos cómo perciben lo que les ocurre, y por temor, a veces no nos atrevemos a preguntarles.

A pesar de todo nuestro amor, no podemos evitar que convivan con pruebas médicas desagradables y cirugías dolorosas en su camino hacia la curación.

Nos planteamos preguntas inquietantes: ¿cómo perciben el dolor? ¿Cómo se enfrentan al sufrimiento que les causa la enfermedad? ¿Acaso se sienten culpables por los cambios que provoca en la familia? Estas son preocupaciones reales que, si no se abordan, pueden acrecentar su angustia.

Un niño necesita expresar lo que le preocupa. Si le damos espacio para hablar, entenderá mejor lo que está viviendo y podrá liberarse de la culpa, lo que será un alivio para su bienestar emocional. Una enfermedad, sin importar la edad de la persona, es una prueba de fortaleza, una tarea continua por la supervivencia. Puede ser un gran esfuerzo por seguir adelante y recuperar la salud, o tal vez, a pesar de todo, llegue a una etapa en que necesite descansar y aceptar lo inevitable.

La enfermedad prolongada de un hijo es uno de los mayores desafíos que una familia puede vivir. Si la relación entre los padres se resiente, el niño lo notará, igual que se habría dado cuenta cuando estaba sano. Los cambios en el estado de ánimo de los padres no pasan desapercibidos para él, y es posible que el hijo comience a hacerse preguntas que estos deben responder con sinceridad. Sus respuestas no solo lo conectan con la vida, su vida, sino que le aportan seguridad en medio del caos.

El niño podría preguntarse: «¿Mis padres ya no se quieren como antes? ¿Es culpa de mi enfermedad?». Si no le damos una respuesta sincera, esa duda podría debilitarlo emocionalmente justo en el momento en que más fuerte necesita sentirse.

Una forma eficaz de ayudarles a ser protagonistas de su historia es hacerles partícipes de las decisiones y no caer en la imposición.

En lugar de decirles «Vamos a probar un tratamiento nuevo porque es lo mejor para ti», podemos optar por un «El médico nos ha hablado de un nuevo tratamiento que podría ayudarte. ¿Quieres que él te lo explique, para que le puedas preguntar lo que necesites?».

De este modo les damos el reconocimiento y la confianza que merecen, y les permitimos formar parte activa de su vida, ayudándoles a encontrar el sentido y la fuerza en la adversidad.

Reflexión. Muchos jóvenes deben ausentarse de la escuela, lo que puede generar un sentimiento de desconexión con sus compañeros. Es importante que las instituciones educativas ofrezcan alternativas, como educación a distancia o programas de reintegración, para ayudar a estos jóvenes a mantenerse al día con su aprendizaje y socialización. El papel de la familia es crucial en este proceso, pero también es esencial que los padres se cuiden a sí mismos, ya que el estrés de cuidar a un hijo enfermo puede ser abrumador.

A pesar de los desafíos, muchos niños y jóvenes muestran una increíble resiliencia. En ocasiones, encuentran formas de adaptarse y seguir adelante, desarrollando una perspectiva única sobre la vida. Las experiencias vividas pueden fomentar una mayor empatía y comprensión hacia los demás, convirtiéndolos en defensores de la salud y el bienestar.

A un niño o adolescente, ¿podemos hablarle sobre su enfermedad?

Todos los niños, incluso los más pequeños, tienen la capacidad de afrontar la peor noticia sobre su salud. Lo que los deja indefensos no es tanto la enfermedad en sí, sino la sensación de estar solos, sin poder compartir su angustia ni expresar lo que sienten. La enfermedad, con todo su dolor y miedo, se vuelve mucho más difícil de sobrellevar si el niño siente que debe cargar con ello en silencio.

Lo que está en juego es demasiado importante como para intentar disimular el dolor. Si aprende a vivirlo en privado, se quedará solo y vulnerable en extremo, y eso es justo lo que queremos evitar.

Desde el primer momento, es crucial que la información que se le ofrezca sobre su enfermedad sea clara, sincera y honesta. Esto no solo le permitirá comprender su situación, sino que lo ayudará a desarrollar una mayor capacidad emocional para adaptarse a las noticias que, con el tiempo, puedan surgir.

Además, cuanto más grave sea la enfermedad, más cambios habrá en su vida: pruebas, tratamientos, interrupciones en su rutina… A medida que esto ocurre, es probable que, aunque no lo exprese, llegue a sentirse responsable. Es esencial que, como adultos, estemos atentos para prevenir ese sentimiento. En vez de dejar que cargue con esa culpa, debemos ayudarle a ver que la atención que recibe no es una carga para los demás, sino una oportunidad para que todos aprendan a cuidarse mutuamente, empezando por él.

En definitiva, acompañarlo en cada paso y permitirle sentirse apoyado y comprendido no solo lo fortalecerá, sino que le ofrecerá el espacio emocional que necesita para no enfrentarse solo a su realidad.

Reflexión. Durante la enfermedad de un niño, las preocupaciones y emociones no paran de fluctuar, y dejan poco tiempo para que la familia y el niño puedan adaptarse a ese nuevo escenario. Uno de los sentimientos más pesados con los que tiene que convivir es la rabia. Forma parte del duelo, y es especialmente común entre los adolescentes enfermos, cuyo mundo está en constante transformación debido a la etapa que atraviesan, lo que provoca que se sientan dependientes justo cuando desean lo contrario y que sus proyectos queden temporalmente aparcados. Convivir con una enfermedad hace que su terreno emocional tiemble aún más, y necesitará grandes dosis de paciencia por parte de los que lo rodean.

Sin embargo, la enfermedad también puede traer consigo una maduración inesperada. No es raro que algunos niños desarrollen una sorprendente capacidad para comprender y asimilar aspectos médicos que, por lo general, asociaríamos con los adultos. De manera casi intuitiva, pueden aprender terminología médica, entender la composición de los sueros y conocer a fondo los tratamientos que reciben. En algunos casos, incluso los hermanos del enfermo se sumergen en este proceso, convirtiéndose en pequeños expertos en la enfermedad.

Esta situación, aunque desafiante, también revela la extraordinaria capacidad de adaptación y resiliencia de los niños. En ese proceso de aprendizaje, no solo se adaptan a los cambios de su cuerpo, sino que adquieren una nueva forma de percibir el mundo que los rodea. Aunque dolorosa, la experiencia puede actuar como un potente motor de crecimiento personal para todos los que se ven involucrados en ella.

Los niños se convierten en maestros para los padres

Los niños y los jóvenes tienen derecho a vivir con dignidad hasta el final, lo que incluye que tengan la oportunidad de despedirse de sus seres queridos en uno de los momentos más trascendentales de su vida. Poder llegar a esta madurez emocional permite a las familias estar juntas, y otorga al niño o adolescente la posibilidad de decidir cómo y dónde desea pasar sus últimos días.

Para la familia, en especial para los padres, contemplar la muerte de un hijo provoca un tsunami de emociones abrumadoras. Cada persona convive con el dolor de forma diferente, y la diversidad de reacciones es natural. Algunos padres buscan y agradecen el apoyo profesional, lo que les permite estar más presentes con su hijo, y ese cambio de actitud los beneficia tanto a ellos como al niño.

En los momentos finales de la vida de un hijo, los equipos de enfermería son un apoyo esencial para los padres. Su cuidado profesional y humano brinda consuelo, orientación y

ACOMPAÑAR A LOS NIÑOS 225

alivio en medio del dolor, y les permite conectar con su hijo hasta el último instante. Esos profesionales dan valor y sentido a la palabra «cuidar», y facilitan una conexión más allá de lo físico, en un ámbito espiritual profundo.

> **Reflexión.** Uno de los rituales más reconfortantes para muchos padres es continuar cuidando el cuerpo de su hijo después de su muerte. Este acto de amor y conexión deja una profunda huella emocional, y lo que suceda durante ese tiempo puede influir significativamente en el proceso de duelo.

La pequeña Aura

La pequeña Aura, de cinco años, era la mediana de tres hermanas cuando la conocí. A los dos años le diagnosticaron un cáncer cerebral, y desde entonces sus padres, familiares, amigos y profesionales de la salud perseveraron en su afán para salvar su vida. Aura soportó los tratamientos de quimioterapia con el coraje de una heroína, siempre transmitiendo alegría y seguridad a los demás. Cuando se sentía un poco mejor, sus padres la llevaban al colegio, y para ella no había mayor regalo.

Fueron tres años llenos de emociones, momentos de esperanza y desafíos. Por muchos esfuerzos que hicieran, la enfermedad avanzaba, y, a pesar de que sus padres seguían aferrados a la lucha, Aura ya no tenía las energías necesarias para continuar. Estaba cansada, tanto física como espiritualmente, y aunque quería evitar que sus padres sufrieran, sabía que debía prepararlos.

El día que la conocí, Aura estaba sentada en una silla de ruedas en su casa. No podía hablar, pero sus ojos transmitían un mensaje claro: entendía por qué estaba yo allí, sabía que su tiempo era limitado. Junto a su tía, salió a la terraza mientras me quedaba con su madre, quien, angustiada, me confesó que solo quería saber qué podía hacer para salvar a su hija en caso de que fuera necesario. Con el corazón roto, me habló de las maniobras de reanimación que había aprendido, pero temía equivocarse en el momento crucial.

Sentí su inmenso dolor y amor, y le dije con un hilo de voz:

—Creo que, cuando llegue el momento, Aura solo espera de ti una maniobra.

—¿Cuál? —preguntó con urgencia.

—La que has hecho desde que nació, abrazarla muy fuerte —le respondí.

En ese instante, la mamá comprendió lo que necesitaba su hija y, entre lágrimas, abrazó su dolor. Aura, que nos observaba, entró con su tía en la habitación y, en silencio, le dio un abrazo a su madre. Luego, con gestos, pidió que pusieran su canción favorita, la número siete del CD de su cantante preferido. Mientras sonaba la música, me miró fijamente, y entendí que estaba preparando su despedida.

Aura murió dos días después en brazos de sus padres y hermanas, rodeada del amor más profundo y con la maniobra más dulce: un abrazo. Su funeral fue un reflejo de la ternura y gratitud de quienes la conocieron, y su canción favorita sonó como un tributo a la luz que ella había sido para todos.

El recuerdo de esos momentos, su coraje y su amor ayudaron a sus padres a encontrar, con el tiempo, un nuevo sentido a sus vidas, a pesar del enorme dolor que dejaron sus pequeñas e inmensas huellas.

Reflexión. Los niños se convierten en maestros para los padres. Que estén a su lado los ayuda a anticipar el dolor y prepararse para morir. Los niños, como los adultos, merecen tener la oportunidad de despedirse de los suyos en uno de los momentos más importantes de su vida. Llegar a ese punto de madurez es una ayuda fundamental en el duelo para quienes los van a sobrevivir.

7
El final de la vida: crónica de un acompañamiento

Angelina

Angelina tenía sesenta y nueve años, estaba separada desde hacía mucho tiempo y no tenía descendencia. Su familia estaba compuesta por su hermana mayor, Josefina, y el marido de esta, Pedro, dos personas extraordinarias. El matrimonio no tenía hijos y siempre había estado muy unido a ella. Acompañar a Angelina en su camino del final de la vida, junto con su familia, fue una experiencia entrañable, gratificante y enriquecedora que me permitió conocer y acompañar también a personas que la amaban intensamente. Los neurólogos le habían diagnosticado una enfermedad degenerativa del cerebro de cuatro meses de evolución. Junto a ellos, fui testigo de momentos íntimos en los que, con cada palabra, gesto y mirada, mostraban el sentido y significado de todo lo vivido con ella, que estaba en el tramo final de su vida.

Conocí a Angelina y su familia en mayo de 2004, en el hospital en el que yo trabajaba como enfermera en el acompañamiento al final de la vida. Ella estaba hospitalizada en estado comatoso. Llevaba seis semanas ingresada y, aunque su cuerpo daba señales de fragilidad, su rostro no reflejaba dolor físico ni sufrimiento emocional.

No podía hablar, moverse ni alimentarse; la cercanía de la muerte era evidente. Sin embargo, nos sorprendió mucho a todos —profesionales y familia— lo que aún era capaz de transmitir. Había momentos en que mantenía los ojos abiertos, pero su mirada parecía perdida en otro mundo. Lo más conmovedor era que, al sostenerle las manos, las cerraba con suavidad, buscando el contacto humano. Su expresión y respiración cambiaban de forma sutil según la voz que escuchaba, mostrando que, aunque no podía comunicarse, percibía la compañía y el cariño que la rodeaba.

Josefina y Pedro vivían muy lejos del hospital, por lo que se pasaban las veinticuatro horas a su lado. Dormían juntos en la cama individual que se encontraba a los pies de la de Angelina. Tampoco podían ir a casa a lavar la ropa, así que lo hacían en la habitación. Eran personas de una calidad humana excepcional, y no querían moverse de su lado. Pedro era un gran cuidador para Angelina: le hacía masajes para relajarla, le contaba lo que sucedía a su alrededor, y parecía que ella lo entendía. El médico les había dicho en varias ocasiones que el proceso de enfermedad era irreversible, pero a Pedro le costaba aceptarlo. Por el contrario, Josefina era consciente de lo que estaba pasando. Sabía que, cuando su hermana muriera, lo pasarían muy mal, pero en aquellos momentos, aunque preocupados, se les veía felices de poder cuidarla.

La mañana en que conocí a Angelina me acerqué a su cama y, con suavidad, le hablé al oído. Le expliqué dónde se encontraba y lo que estaba sucediendo. Aunque su estado era frágil, entreabrió un poco los ojos, como si mi voz, nueva para ella, despertara una pequeña chispa de conciencia. Josefina, que estaba a su lado, me comentó que, tras escuchar mis palabras, había sentido una gran paz, y creía que Pedro se beneficiaría de escucharlas. Cuando él llegó, hablamos sobre lo que sentían al pensar en el inevitable momento en que Angelina muriera. Su emoción era palpable, no podía contener las lágrimas. No estaba preparado para decirle adiós; su amor por ella era profundo, como el de un hermano. En su intento por comunicarse, se acercó a ella con ternura, buscando una respuesta, pero aquel día Angelina estaba más apagada. Dormía profundamente, y su respiración era más trabajosa.

Durante una de las visitas, el médico comentó con cierta incomprensión lo difícil que parecía para Angelina soltarse de la vida. Les pregunté entonces a Josefina y Pedro si a Angelina le costaba hablar de la muerte, y ambos me confirmaron que, en efecto, nunca había querido tocar el tema porque la aterrorizaba. Jamás iba a funerales ni cementerios, y evitaba cualquier conversación relacionada con este asunto.

Ese temor ofrecía una posible explicación de su resistencia. De modo que, con delicadeza, me acerqué a Angelina y le dije que entendía lo difícil que era para ella dejar un entorno tan lleno de amor. Esa noche comenzaron a aparecer pequeñas pausas en su respiración, indicio de que estaba acercándose al final, pero por alguna razón aún parecía aferrarse a la vida. ¿La retenía el miedo o estaba esperando una fecha especial para, al final, dejarse ir en paz?

Cada día que pasaba, notaba cómo Angelina se sentía cada vez más cansada. En un instante de conexión, me acerqué a ella y le susurré al oído que, cuando estuviera lista para dejar su cuerpo, sentiría alivio. Le expliqué que Josefina y Pedro se estaban preparando para ese momento, pero que, mientras, les estaba brindando la oportunidad de despedirse como se merecía.

Pedro y Josefina compartieron que a Angelina le encantaban los niños, y que tenía un don especial para hacerlos sentir cómodos a su lado. Un día decidí llevar a mi hija Clàudia, que tenía tres años en aquel momento. Al escuchar la voz infantil y recibir un tierno beso, a pesar de su estado, Angelina nos sorprendió a todos al abrir los ojos. Clàudia, con su inocencia, la miró y dijo:

—Tiene pupa, mamá.

A pesar de los días que llevaba ingresada y de no poder moverse, su piel se mantenía suave e hidratada. Con Pedro y Josefina, manteníamos en la habitación largas conversaciones sobre su vida, los viajes que habían compartido y anécdotas que nos hacían reír. Ella parecía escuchar, abriendo los ojos y parpadeando de vez en cuando, como si quisiera participar de la charla.

Por las noches, Angelina seguía experimentando pausas respiratorias. A veces parecía que había llegado a su fin, pero retomaba el ritmo, como si aún estuviera al mando de su destino. Era evidente que necesitaba que Pedro le diera permiso para seguir adelante, pero él no estaba preparado. La idea de renunciar a tenerla junto a él le resultaba demasiado dolorosa. Necesitaba tiempo para aceptar que, para que Angelina pudiera cerrar su ciclo vital, tenía que darle permiso. Sin embargo, en ese momento aún no comprendía que eso era justo lo que ella esperaba de él.

Una tarde fui a visitarla y la encontré más cansada, aunque seguía aferrándose a mi mano cuando le cogía la suya. Ese pequeño gesto comunicativo emocionaba a Pedro, que se negaba a aceptar el camino irreversible que estaba tomando Angelina.

—Los médicos se equivocan —decía con voz temblorosa mientras la cuidaba con ternura.

Mi papel era mantener la conexión entre ellos, así que me acerqué a Angelina y le dije:

—Angelina, nos hace muy felices que te comuniques así. Te agradecemos esta lección de independencia y libertad.

Solo ella sabía cuándo sería el momento adecuado para morir.

Uno de los mayores temores al que se enfrentan las familias en esas circunstancias es a lo que pueden o no decir delante de la persona enferma. Por eso les expliqué que podían hablar abiertamente sobre su estado; en realidad, Angelina lo conocía mejor que nadie. La familia es el único grupo con el que no hay que representar un papel en los momentos finales; todos se conocen, saben leer entre líneas y perciben si les ocultan algo. A Angelina le interesaba todo lo que sucedía en la habitación, y escuchar las conversaciones la ayudaba a conectar con la realidad.

Debido a la extraña enfermedad que había desarrollado, el médico les propuso que donaran su cerebro a la ciencia para estudiarlo y averiguar cómo combatir los priones que parecían habérsela causado. Pedro me lo comentó, todavía atrapado en un mundo paralelo e incapaz de procesar que eso le estuviera pasando a Angelina, cuando cuatro meses antes estaba perfectamente. Decidí dejarlos solos para que pudieran reflexionar sobre esa decisión.

Al día siguiente fui decidida a contarle a Pedro que Angelina necesitaba su consentimiento para morir en paz. Se lo transmití con un nudo en la garganta, pero él se emocionó y accedió a hablar con ella. Le dijo que le daba libertad total para emprender el camino que necesitaba recorrer. En ese momento, él requería más apoyo que Angelina, ya que estaba a punto de hacer algo muy importante y generoso: otorgarle el permiso para descansar. Josefina y yo decidimos salir de la habitación, dándoles espacio para que compartieran ese instante profundo y conmovedor que solo les pertenecía a ellos.

Cuando Pedro terminó de hablar, nos llamó. Al entrar, noté que la respiración y el pulso de Angelina habían cambiado. Sus rasgos comenzaron a suavizarse y su cuerpo se relajó, como si estuviera lista para soltar amarras. Sin embargo, no fue así; simplemente pasó una noche tranquila.

Un nuevo camino había comenzado, lleno de significados y cambios, ya que las palabras de Pedro fueron decisivas. A la mañana siguiente, su cuerpo parecía más encogido y sus facciones, más definidas que nunca, indicaban que la muerte se acercaba. Aun así, seguía aferrándose a la mano de Pedro, emocionado al sentir el profundo vínculo que los unía. Josefina los observaba con ternura. A pesar del paso que había dado Pedro, Angelina aún luchaba por vivir un poco más. Era evidente que estaba esperando algo especial y que los días no estaban transcurriendo en vano. Ya se habían dicho todo lo que necesitaban decirse, y pensé que quizá Angelina anhelaba llegar a una fecha significativa. Le comenté a Pedro que en unos días sería su santo, y ambos dijeron que era una fecha muy especial, con un profundo significado para los tres.

Angelina había comenzado a recoger las velas de su barco, pero, aunque el puerto estaba cerca, aún no podía morir. Un día antes del santo de Pedro, él tuvo que ir al pueblo a resolver unos trámites. Se marchó con el corazón en un puño, temiendo que Angelina muriera sin que él estuviera presente. Para tranquilizarlo, le dije que creía que ella lo esperaría. Sin embargo, su desconfianza lo llevó a regresar ese mismo día lo más rápido que pudo.

Era domingo, el día del santo de Pedro. A las diez de la mañana recibí un audio suyo. Su voz, entrecortada, decía:

—Hola, Xusa. Angelina ha muerto. Tenías razón, ha escogido el día de mi santo y lo ha hecho exactamente a las nueve de la mañana, la hora en que siempre me llamaba para felicitarme.

Pedro se había convertido en un maestro de la vida, y recibió la fecha y la hora de la muerte de Angelina como el último regalo que ella le hizo, no como una simple coincidencia. Para él, era como si Angelina le hubiera dejado un mensaje especial: «Quiero darte las gracias y que sepas lo importante que siempre has sido para mí».

> **Reflexión.** Hay personas tan generosas que sienten la necesidad de asegurarse de que sus familiares y amigos estén listos para soportar su muerte, lo que puede ser un acto de amor y cuidado. La muerte no solo es un momento de despedida, sino también una oportunidad para el crecimiento personal y la conexión emocional. A través de la preparación y la comunicación, tanto quienes se están preparando para el final de la vida como sus seres queridos pueden descubrir gratitud en estos momentos llenos de amor.

El mensaje de un padre a su hijo

El hijo menor del señor Peter solicitó mi visita en 2006, especialmente preocupado por su hermano mayor, que no aceptaba el final de la vida de su padre. Desde hacía años, la relación entre ellos era distante, marcada por un profundo resentimiento. El señor Peter, nacido en Alemania en 1908, había pasado gran parte de su vida en nuestro país, pero su historia era mucho más compleja.

Cuando entré en la habitación, había un silencio abrumador. El señor Peter yacía en su cama en posición fetal, anquilosado y consumido por los años. Sus ojos, de un azul profundo, miraban a su hijo mayor, que estaba sentado de espaldas a él, contemplando el exterior a través de la ventana. Al notar mi presencia, el hijo se levantó de forma cortés y me saludó con un marcado acento alemán. Me volví hacia el señor Peter, que me observaba con una intensidad cautivadora.

El contraste entre su apariencia y su mirada era impactante; su larga barba blanca le confería un aire tierno de Papá Noel. Mientras me acercaba a él, su hijo se mantuvo con los brazos cruzados apoyado en la pared, a los pies de la cama, fuera del campo visual de su padre.

—¿Puede usted entenderme? —le pregunté.

Él asintió con un leve movimiento de los ojos.

—¿Siente dolor? —quise saber.

Y él negó con la cabeza.

En ese instante su hijo tuvo la necesidad de contarme el pasado de su padre.

—Cuando éramos pequeños, nuestro padre fue uno de los dirigentes de las SS en un campo de concentración nazi. Al acabar la guerra, logró escapar y pasó más de treinta años oculto en las montañas, viviendo como un anacoreta. Nunca supimos nada de él, pero dejó manuscritos donde pedía perdón al mundo por lo que había hecho. Su transformación fue tan profunda que al final se convirtió al budismo y se hizo monje.

Mientras su hijo hablaba, los penetrantes ojos azules del señor Peter no se apartaban de mí. A pesar de su oscuro pasado, me resultaba imposible juzgarlo. Su mirada reflejaba el arrepentimiento de un hombre que había pasado décadas reflexionando sobre sus acciones. En ese momento, mis palabras salieron de lo más profundo de mi ser:

—Creo que es usted una persona muy sabia, señor Peter.

Él sonrió levemente.

Salí de la habitación abrumada. Necesitaba procesar lo que había escuchado. Sabía que mi trabajo de acompañamiento no había terminado, en especial porque no había ayudado al hijo del señor Peter. Durante horas, me hice las mismas preguntas: «¿Cómo puede un cuerpo tan frágil, que lleva días sin comer, seguir vivo? ¿Hay algo que desconocemos que le impida morir y descansar?».

Al día siguiente volví a visitarlos con una mezcla de inseguridad e inquietud. Entré con una sonrisa que pronto se desvaneció. El señor Peter seguía en la misma posición y su hijo estaba sentado, pero de espaldas a él. Al darse cuenta de que estaba allí, se levantó y me saludó, manteniéndose en su habitual posición, lejos de la vista de su padre.

—Señor Peter, ¿le da miedo morir? —pregunté.

Él negó con la cabeza, pero mi confusión persistía. «¿Por qué le cuesta tanto partir?», seguía cuestionándome. Entonces ocurrió algo inesperado. Con esfuerzo, pero con una ternura infinita, el señor Peter tomó mi mano izquierda y la observó con atención durante unos minutos. «¿Qué estará viendo?», me preguntaba mientras me temblaban las rodillas por los nervios y su hijo nos miraba en silencio. Al final le dije a su hijo:

—¿Sabe leer las líneas de la mano?

—Es un experto —respondió él—. Asegura que en las manos está todo lo que hay que saber sobre una persona. Cada vez me sentía más perdida; no entendía cuál era mi papel. Recuerdo la suavidad de la mano derecha del señor Peter, que acariciaba la mía con un toque cálido y amoroso. Era curioso que, a pesar de su escaso peso, las tuviera tan suaves y mullidas. Con nuestras manos entrelazadas, le pregunté a su hijo:

—¿Tu padre es una persona cariñosa?

En ese instante el hijo bajó los brazos y, visiblemente enojado, respondió:

—¡Jamás he visto a mi padre darle un beso a nadie!

Se hizo un silencio profundo. Entonces el señor Peter, con esfuerzo, enderezó la cabeza para mirar a su hijo. Con un gesto comprensivo, mostró el peso de las experiencias que había vivido. A continuación, dio la vuelta a mi mano, le dio un prolongado beso mientras miraba a su hijo a los ojos y la extendió hacia él. Su hijo entendió de inmediato que era un mensaje de amor y perdón por la ausencia de su figura. Roto por el llanto, se encerró en el baño. Cuando salió, unos minutos después, su rostro había cambiado por completo. Relajado y aliviado, se acercó a su padre. En ese instante mi presencia ya no era necesaria, así que salí de la habitación.

Aquella tarde el señor Peter, con un susurro de paz en el rostro, murió al lado de sus hijos.

Los tres deseos de Núria

Conocí a Núria el 3 de junio de 2011. Lo recuerdo porque recibí este mail justo el día anterior:

> 2 de junio de 2011
>
> ¡Hola, Xusa, buenos días!
> Soy Núria, tengo cincuenta y cuatro años, estoy casada y tengo dos hijas. El motivo de mi correo es porque me han diagnosticado un cáncer de colon y siento que no estoy en condiciones de hacer nada. Me encuentro débil y sin fuerzas, ya que me han intervenido. La doctora me ha llamado para empezar el tratamiento de quimio el 4 de julio, y me gustaría verte, si puede ser, ese día a las 9.30 de la mañana.
> ¡Un beso!

Durante la visita, descubrimos que teníamos muchas cosas en común, como que éramos de la misma quinta y teníamos hijas de edades similares. Así se inició una conmovedora relación que llevaré siempre conmigo. A través de sus correos, Núria me compartió su recorrido emocional hasta su final de vida.

> 16 de julio de 2011
>
> ¡Hola, Xusa!
> Hoy es sábado, ya han pasado unos días desde el tratamiento (le llamaré solo «tratamiento», es más positivo para mí). Me siento mejor, aunque el estómago lo tengo un poco raro.
> ¡Mira si me ve bien mi familia que se atreve a echarme alguna bronca y a decirme que soy mandona y que me tiene demasiado mimada, jejeje!

EL FINAL DE LA VIDA: CRÓNICA DE UN ACOMPAÑAMIENTO 241

Tengo muchas ganas de hacer cosas, aunque es mi cuerpo el que manda y debo escucharlo para saber cuáles son ahora mis límites. El otro día tuve que llevar a mi perro al veterinario para una revisión. No lo habíamos comentado, pero tengo un yorkshire terrier que no pesa ni dos kilos, ¡imagínate lo pequeño que es! Pues la recepcionista y el veterinario me dijeron: «¡Qué guapa estás! ¡Te vemos muy bien!». En general, como te digo, todo el mundo me encuentra muy bien. Ya te iré contando más cositas.

¡Recibe un beso muy fuerte y un abrazo! ¡Hasta pronto!

19 de julio de 2011

¡Hola, Xusa, buenos días!

En primer lugar te diré que mi perro se llama Oxbow. Lo bautizó mi hija pequeña. Ya tiene doce años, pero parece un cachorro. Está ágil y juguetón, es fantástico. Me hace mucha compañía y se pasa el día a mi lado. Creo que percibe algo y está muy pendiente de mí.

Tengo ganas de hacer cosas, quizá esta semana haga una visita al trabajo. Se me hace extraño ir... Me gustaría estar ya recuperada y empezar a trabajar; espero poder hacerlo pronto.

¡Un fuerte abrazo!

21 de julio de 2011

Estimada Xusa:

Este lunes me darán mi segunda sesión de tratamiento. He tenido días buenos y otros no tanto. Ayer recibí muchas visitas y terminé muy cansada. Después tuve dolores en la zona de la operación, más intensos que otros días. Me da miedo hablar de esto con la doctora, me asusta lo que me pueda decir, la cara que pueda poner...

En resumen, anoche estaba desesperada y mi familia no lo

entiende. Dice que estoy mejor y que no tengo que
escucharme tanto. Yo quiero sentirme bien y me desespero.
Esta noche unos amigos nos han invitado a cenar y ya tengo
miedo de encontrarme mal. Me hace ilusión ir, pero me asusta
sentirme distinta a los demás.

¡Un abrazo!

26 de julio de 2011

Estimada Xusa, ¡te deseo que pases unas buenas
vacaciones!

Ya tengo ganas de volver a disfrutar de vacaciones y llevar
una vida normal. Me hicieron el segundo tratamiento y lo
pasé mal. Después, por la noche, estaba muy cansada y tenía
dolores, también algo de fiebre, pero afortunadamente me
bajó.

Hoy he estado todo el día en la cama. Ahora me he levantado
un ratito, pero es duro sentirse así... Menos mal que pienso
que mañana me encontraré mejor y que es una sesión
más que tengo hecha.

¡Un besito bien fuerte!

Me tomé mis vacaciones y le envié varios correos para
saber cómo se encontraba, pero no recibí respuesta. Al volver a incorporarme en el hospital, supe que estaba ingresada.
Recuerdo que se alegró de mi visita, pero sus ojos habían
perdido el brillo del ánimo y la esperanza, ya que su estado
se había complicado y se encontraba muy cansada. Llevaba
una sonda nasogástrica para evitar los efectos secundarios de
una nueva oclusión intestinal.

Durante aquellas dos semanas, Núria compartió conmigo
lo que le preocupaba de su familia cuando ella muriera. Se

emocionaba, lloraba y se sobreponía mientras hablaba de sus hijas.

—Xusa, ¿cuesta mucho esto de morir? —me preguntó un día.

Entonces le devolví la pregunta para saber qué era lo que la preocupaba:

—¿Crees que estás preparada para morir? —quise saber.

—Aún no —me respondió.

—Entonces creo que hoy no será; estoy convencida de que no morimos hasta que estamos preparados —le dije, y me devolvió una sonrisa.

17 de septiembre de 2011

Sin saberlo, ese día iba a ser muy especial: estaba a punto de recibir una lección magistral de Núria. Aunque pasen los años, jamás lo olvidaré. Al entrar en la habitación, me di cuenta de que me estaba esperando. La acompañaban sus hijas y su marido. Entonces, con la mirada, me indicó que el final estaba próximo.

—¿Puedo ayudarte? ¿Te gustaría hacer algo especial? —le pregunté.

Ella me lanzó una mirada de picardía y respondió:

—¡Sí! Me gustaría cumplir tres deseos: tomarme una horchata (me encanta la horchata), tocar el mar y pasar un ratito con mi querido Oxbow.

Parecían deseos imposibles de cumplir por el estado en que se encontraba, pero se convirtieron en un desafío para todos los demás.

Una de las hijas quiso responsabilizarse del deseo de tocar el mar: fue hasta la playa más cercana y llenó un contenedor con arena, conchas y agua del mar. Yo, por mi parte, le comenté a su médico el deseo de tomarse una horchata y, aunque todos sabíamos que no podría ingerirla, no se opuso, así que acompañé a su hija pequeña a buscar una bien fresquita.

Ya solo quedaba el deseo de ver a Oxbow. La Dirección de Enfermería permitió que el perro entrase en el hospital. Los deseos de Núria corrieron como la pólvora, y fue muy emocionante ver que administrativos, camilleros, personal de seguridad y profesionales de hospitalización colaboraron para hacerlos posibles. Cuando el marido de Núria llegó a las puertas del hospital con Oxbow, le sorprendió ver que todos lo esperaban para ayudarle a cumplir el deseo de su mujer.

Cuando los tres estuvieron preparados, Núria sonrió agradecida, satisfecha y orgullosa de su familia. Su primer deseo fue dar sorbitos de horchata para refrescarse la boca y apreciar su sabor sin llegar a ingerirla (para evitar los vómitos a causa de la oclusión intestinal). Después, una de sus hijas le acercó el contenedor y lo abrió. Núria cerró los ojos y, sonriente, se relajó tocando la arena y el agua del mar.

La mayor sorpresa se la llevó cuando su marido entró en la habitación y puso a Oxbow encima de la cama. ¡El perrito saltó de alegría al verla y la llenó de besos!

Horas después, Núria se sintió preparada y pidió que la sedaran para evitar más sufrimiento. Murió al día siguiente, y la familia convirtió su despedida en una hermosa celebración dedicada a ella, a la que tuve el honor de asistir.

Querer es poder, y esta es la lección que nos dejó a todos.

El último puerto: gobernar el barco hasta el final de la vida

Morir es un acto profundamente biográfico donde no solo el cuerpo se desconecta de la vida, sino la persona en su totalidad. Es más que un simple organismo que deja de funcionar. En cualquier etapa, los que se preparan para morir son conscientes del lugar en que se encuentran.

En esos momentos finales, el alma, la esencia o como prefiramos llamarla toma el mando y guía el proceso con conciencia de lo que se necesita a cada instante. Morir no es solo un cese físico, sino también un proceso de desconexión espiritual y emocional, una tarea íntima y personal.

Durante el curso de una enfermedad incurable o en la vejez, el desgaste de las energías físicas es evidente y cada vez más difícil, si no imposible, de restaurar. Entonces la naturaleza comienza a hacer su trabajo. Es común ver que el cuerpo parece desconectarse poco a poco, el dolor se atenúa y se desvanece la lucha por seguir resistiendo.

Son momentos en que las personas pierden el apetito, prefieren quedarse en la cama y, a menudo, solo piden un poco de agua. Es posible que expresen el deseo de morir, de llegar a ese puerto final que implica descanso.

La mejor manera de acompañar en este proceso es con humildad, respeto y sinceridad, sin imponer nuestras resistencias o deseos. Negarse a aceptar el camino del otro es como declararle una guerra para la que ya no tiene fuerzas.

Angelina no fue la única en elegir el momento y el contexto en que morir. Muchas personas que están en el umbral de la muerte nos sorprenden con gestos o decisiones que parecen cargadas de significado. Algunas eligen morir rodeadas de aquellos a los que aman; otras prefieren la soledad, quizá para proteger a sus seres queridos del dolor de la partida. Estas decisiones, que parecen enigmáticas, encierran profundas lecciones de vida.

A veces las familias se sienten desconcertadas cuando su ser querido elige morir justo cuando no están: «Estuvimos con él las veinticuatro horas y...». Esta aparente casualidad revela las necesidades íntimas de cada persona en su último tramo de vida. Los profesionales nos damos cuenta de cómo cada uno sigue su ritmo, dictado por su esencia, y siempre debemos respetar sus tiempos.

Quienes transitan sus últimos días nos enseñan, con una claridad admirable, que no morimos hasta que estamos preparados. En ocasiones, antes de irse, las personas sienten la necesidad de cerrar círculos importantes. Tal vez desean ver a alguien con quien no han tenido contacto en años, quizá un hermano o un padre con el que hubo una ruptura o un alejamiento. Estos encuentros finales tienen un poder sanador y son esenciales tanto para los que están a punto de despedirse como, en especial, para los que los sobreviven.

Son espacios de tiempo en que la persona repasa su vida, a menudo en silencio, y puede sentirse impotente porque ya no queda tiempo para reparar asuntos pendientes.

Es ahí donde los profesionales que estamos a su lado jugamos un papel clave: ofrecerle un espacio seguro para que exprese lo que le inquieta. Podemos hacer simples preguntas, como «¿Hay algo que te preocupa?» o «¿Puedo ayudarte de alguna manera?», que invitan a conversar y reportan alivio.

En muchos casos hemos visto que compartir esos temores o inquietudes es más fácil con personas sin la carga emocional de los vínculos familiares. Por eso el trabajo de los profesionales, en especial de cuidados paliativos —ya sea en casa o en el hospital—, es básico. No solo ayudan al paciente y le garantizan confort en su final de vida, sino también a las familias, que recordarán vivamente ese último tramo y dejará una huella perdurable en los que lo sobrevivan.

La muerte, como el nacimiento, puede ser un momento especial rodeado de amor y ternura. Aunque implica sufrimiento físico y espiritual, también comporta crecimiento, adaptación y, en ocasiones, liberación. Al igual que al nacer dejamos un espacio seguro y acogedor, al morir nos despedimos de la vida, a menudo agotados por el paso de los años o tras una larga enfermedad, con un profundo deseo de silencio, respeto y descanso.

Morir bien implica tener la posibilidad de despedirse, cerrar ciclos, pedir perdón si es necesario, e irse con el alma libre de ataduras. Los que logran llegar al final de su viaje en paz, rodeados de amor, viven momentos de intensa conexión, instantes que sus seres queridos recordarán y de los que aprenderán valiosas lecciones. La muerte, al igual que la vida, es una maestra que, si la escuchamos, nos enseña lo más importante: vivir con sentido y despedirnos con amor.

Reflexión. La vida es como un barco que navega por aguas desconocidas y que se enfrenta a mareas cambiantes y tormentas imprevistas. A lo largo del viaje, somos tanto capitanes como pasajeros: asumimos el desafío de tomar el timón y dirigirnos hacia el horizonte, aunque no siempre sepamos qué nos espera. Gobernar el barco hasta el final de la vida es, en esencia, un acto de valentía, conciencia y aceptación.

A medida que el barco se aproxima al último puerto, la mirada cambia. Lo que antes parecía urgente o crucial pierde peso ante la magnitud del destino. Entonces la navegación se vuelve más íntima, reflexiva. Los vientos que antes empujaban con fuerza susurran lecciones que solo la experiencia y el tiempo permiten entender. En ese tramo del viaje no solo se trata de avanzar, sino de hacerlo con dignidad, serenidad y, sobre todo, con la sabiduría que solo atesoran los que han vivido plenamente.

Gobernar el barco hasta el último puerto no significa resistir el curso natural de la vida, sino guiarlo con conciencia. Es aceptar que, aunque ya no controlemos las olas y el viento, siempre nos quedará la capacidad de decidir cómo navegaremos los últimos días, abrazaremos las despedidas y atesoraremos cada instante, conscientes de que cada uno de ellos es un regalo.

El puerto final no es un lugar de derrota, sino de llegada. Es el cierre de un ciclo que, lejos de representar el fin, refleja la culminación de un viaje lleno de significado. Y aunque

EL FINAL DE LA VIDA: CRÓNICA DE UN ACOMPAÑAMIENTO

despedirse de la navegación no sea fácil, saber que hemos capitaneado nuestro barco con respeto hacia los capitanes de los otros navíos brinda una paz profunda.

Al final, la vida no se mide solo por los puertos que tocamos, sino por cómo hemos navegado. El último puerto es un homenaje al viaje completo por todo lo aprendido y enseñado con las tormentas superadas, los días de calma y los momentos en que el barco, pese a todo, siguió adelante.

Agradecimientos

Al terminar de escribir un libro, a su autor o autora le queda la hermosa tarea de mostrar agradecimiento a quienes han dado sentido y significado a su trabajo. Me imagino este texto como un barco que ha osado navegar por el mar de la incertidumbre, las emociones de la vida y la sorprendente profundidad de la muerte. Laura, mi editora, ha cortado las amarras, y ahora sus páginas, llenas de historias vividas, han arropado mi alma, convirtiéndose en olas por las que me dejaré llevar hasta donde ellas quieran.

Deseo dar las gracias a los que, en momentos de vulnerabilidad, me disteis una lección con cada gesto, cada mirada y cada silencio, a quienes me guiasteis sin saberlo, dejando que acompañara vuestros pasos y susurros en despedidas suaves o combativas. Con vosotros aprendí que mi tarea era ser testigo de que en ocasiones la muerte puede representar la liberación de una vida que pesa. Cada historia es una enseñanza de generosidad y humildad, y sin vosotros, mis verdaderos maestros, este libro no tendría alma.

Mil gracias a mis padres por darme la vida, por permitirme ser testigo de su fragilidad y fortaleza. Gracias, Vida y Muerte, por mostrarme el sentido profundo de ser enfermera y dejarme participar en los momentos más sagrados de la existencia.

Mi más sincero agradecimiento a mis compañeros y compañeras de profesión, que acompañan la esperanza y el dolor, el equipo invisible que sostiene el alma de los pacientes y las familias en los instantes más oscuros. Sois capaces de mostrar la humanidad detrás de cada uniforme. Gracias por los necesarios momentos compartidos, las lágrimas y los silencios que sanan.

Por último, quiero expresar mi gratitud infinita por su dedicación y amor incondicional a mi familia. A mi marido, Isidre, y a nuestras hijas, Alba, Anna y Clàudia, así como a sus parejas, y a Jana, nuestra nieta. Todos ellos llenan mi vida de sentido y significado, y me acompañan incluso cuando mis experiencias y creencias les resultan difíciles de comprender. A mis hermanos, primos, sobrinos y amigos, cuyos corazones laten al unísono con el mío y comparten mis emociones más profundas.

Este libro quiere ser un homenaje a todas aquellas personas que siguen vivas en nuestro corazón.

«Para viajar lejos no hay mejor nave que un libro».
EMILY DICKINSON

Gracias por tu lectura de este libro.

En **penguinlibros.club** encontrarás las mejores recomendaciones de lectura.

Únete a nuestra comunidad y viaja con nosotros.

penguinlibros.club

penguinlibros